[日]平尾昌宏——著
陈广琪——译

善与恶的距离

Ethics

ふだんづかいの倫理学

日常生活中的伦理学

浙江人民出版社

浙江省版权局
著作权合同登记章
图字:11-2023-489

图书在版编目（CIP）数据

善与恶的距离 ：日常生活中的伦理学 / （日）平尾昌宏著 ；陈广琪译. -- 杭州 ：浙江人民出版社，2025. 9. -- ISBN 978-7-213-11869-2

I . B82

中国国家版本馆CIP数据核字第2025JB9241号

善与恶的距离：日常生活中的伦理学

SHAN YU E DE JULI : RICHANG SHENGHUO ZHONG DE LUNLIXUE

[日] 平尾昌宏　著　陈广琪　译

出版发行：浙江人民出版社（杭州市环城北路 177 号　邮编　310006）
　　　　　市场部电话：（0571）85061682　85176516
责任编辑：昝建宇
策划编辑：陈世明
责任校对：汪景芬
责任印务：幸天骄
封面设计：海云间
电脑制版：董　董
印　　刷：杭州丰源印刷有限公司
开　　本：880 毫米 ×1230 毫米　1/32　　印　　张：11.25
字　　数：220 千字　　插　　页：1
版　　次：2025 年 9 月第 1 版　　印　　次：2025 年 9 月第 1 次印刷
书　　号：ISBN 978-7-213-11869-2
定　　价：68.00 元

如发现印装质量问题，影响阅读，请与市场部联系调换。

前言

■ 文首寄语

这是一本学习伦理学的入门书！伦理学是指导人们怎样才能活得更好的学问。如果你心想："这种东西也有学问和教科书？怎么可能！"那么这本书非常有趣，绝对值得一读。

作为入门书，只要能让读者踏进伦理学的大门，它就算成功了。这本书的基本目标包括：打破伦理学的常规认知，用简单易懂的方式进行呈现，同时能够一窥伦理学的全貌；此外，必须能够在日常生活、个人爱好、工作活动上得到活用。换言之，这是一本划时代的入门书。所以，凭借这本书进入伦理学之门，可以说是轻而易举的事情。如果你还在犹豫要不要入门，那么就算是为了做决定，也得先读一读。如果你原本不想读这本书，说不定开卷一读就有了兴趣。如果你觉得读不读都无所谓，那读了总比不读好。

所以，废话不多说，各位先读这本书就是啦！

人生第一本也是最后一本伦理学图书

不过，就上述这几段话作为“前言”确实略显单薄，咱们就开门见山吧！入门书分为两种：一种是“学个大概就算完”；另一种是“锚定更高层级知识系统的学习”。这本书属于前者。假如没弄清楚这一点，到了后面估计会一个头两个大。

一般来说，想写书的人多少是因为对现状有所不满，我自然不能免俗，因为对目前的伦理学教科书多有不忿，所以就想写点什么。你要问到底有什么不忿，我给出的答案是，现在的教科书不是止步于“泛泛而谈伦理学”，就是突然甩出一堆专业到了极点的东西，两极分化严重。

对于那些想攻读伦理学的人来说，非常专业的知识或许会有些意义。然而，对于其他人来说，读专业的内容不仅会觉得云里雾里，甚至有可能导致他们将伦理或者伦理学拒于千里之外。细想，就算知道诸如“定言命令”“以元伦理学普遍命令主义为基础的偏好规则功利主义”“冯·诺依曼–摩根施特恩效用函数”之类的知识，大家也只会觉得：之后能用上的机会恐怕比数学里的“因式分解”还少吧？

既然这样，是不是说“泛泛而谈伦理学”的入门书就是好书呢？当然不是！要是大家都认为“搞定啦，考完试以后就和伦理学说再见了”的话，是不是有些可惜呢？我坚信，伦理学是伴随终身的大智慧。所以，既然花费精力学习伦理学，作为入门知识，好歹也要让大家学点儿能用在实际生活中的东西。

抱着这种想法，我写下了这本书，目的是希望尽量让大家能一窥伦理学的全貌。因此，书中着重加入了许多一般性伦理学图书不涉及的内容。也就是说，对于许多人来说，这本书或许是人生中第一本也是最后一本伦理学图书，即便如此，它也能提供足够的价值（不，是非常有用，甚至超级有用），我就是怀着这样的信念完成这本书的。

■ 思考型伦理学

其实，世上还有一种伦理学入门书。在伦理问题中也存在不少令人忍不住惊呼“真难”的东西。这些问题凭借一般常识无法回答，于是就诞生了一些伦理学入门书，核心思想诸如：“看，难题确实存在吧？没错，真的很难。不过，大家别灰心，展开思考的翅膀，好好享受思考的乐趣吧！”

老实说，我并不反感这一类入门书。当初我学习伦理学，就是想找出各种问题的答案，所以我认为“自主思考”极为重要，无论怎样深入思考问题都不为过。这是一条真理，尤其是对于喜欢哲学的人来说，思考本身就极具魅力。越是喜欢自主思考的人，遇到难题就越斗志昂扬。但若一开始就用这种入门书，恐怕会让读者产生“伦理问题果然没有答案！”的误解——这正是我所担心的。

确实，有些伦理学的问题非常困难，说实话，就连伦理学家都各执一词。不过，也有很多问题早有定论。所以，这本书的既定方针是，用答案呼之欲出的问题练习思考，同时挑战一些稍有难度的问题。只有这样，大家才能体会到为何难题会成为难题，也可以少点不必要的烦恼。

与伦理学共建自我

抱歉，请允许我再补充一句。

坦白说，我并非多么卓越的伦理学者（有些唏嘘），虽然比普通人懂得多些，可要是碰上伦理学大咖就要出洋相了……你们可能会说："那你还好意思写伦理学书！"但这正是我写书的原因。换言之，正因我站在"对伦理学没有多大兴趣的普通人"与"钻研伦理学的学者"之间，我才能搭建起两者之间的桥梁。

要是问起我对现在的伦理学书有什么不满，我认为"泛泛而谈"型的太过浅薄，"专业到了极点"型的又令人消化不良。我认为，这正是因为作者们过于在意同行专家的眼光。也就是说，这些作者不是"为了别被其他专家挑刺，尽量写些稳妥的内容"，就是"为了不被专家批评，干脆写本超高难度的书"。这样一来，无论哪种选择都忘记了写书要以读者为本。

所以，我在这本书中将"说不定会被大咖们吐槽"这一风险抛诸脑后，为了让大家更易于理解要点，使用了非传统的解说方法。虽然在稍微懂点伦理学的人看来，这本书简直是漏洞百出，但这本书最大的亮点就是，刚开始阅读的时候应该看不出来什么问题（要是能看出来，那你们绝对是"骨骼清奇"的人），不过当读完本书的时候，你们肯定会感慨"书里怎么有这么多漏洞啊”。换言之，你们的成长程度将通过“察觉漏洞”能力的提升来证明。作为我个人来说，就算这本书被人批评，我也甘愿做大家成长的垫脚石！

■ 拥有几万名作者的书

要说我这个不靠谱的伦理学家哪里靠谱的话，那就是在高校及专科学校里开设过很长时间的伦理学课程，每次都会让学生们填写听课的感想、意见以及调查卡片。一学期总共要上 15 节课，每年有几千名学生。感谢老天爷，每届学生都留下了大量的感想，截至目前已经收集了几十万张调查卡片（其中有“老师的‘地中海’真‘酷’呀”“这门烂课程真要命，赔我学费”这样的骂声，也有“大学就是为了这门功课才考的”这样的好话），各种评价我一个不落，全都读过。像我这样拥有如此宝贵资源的伦理学家可不多见！

在大家的“祝福”加持之下，我时而觉得凄风苦雨，时而觉得阳光灿烂，我逐渐摸清了学生们对于伦理学的哪些部分容易卡壳，以及大家对不同的伦理学问题会有怎样的反应。这本书正是这些声音的结晶。简而言之，至今学习过伦理学课程的数万名学生都是这本书的作者（虽然版税还是归我）。

■ “我”成为自己人生的主角

综上所述，只要你们翻开了这本书，就意味着加入了作者队伍（重申：版税不分成哦）。伦理学就是这样，它不是“向别人学习”的知识，而是每个人共同参与创作出来的东西。所以，我在书中虽然省去了大部分艰深理论，却格外注重以通俗语言促使大家在借鉴伦理学大师们真知灼见的同时，为打造我们自己的伦理学体系添砖加瓦。

伦理学算是源远流长的学问，其历史长度估计是科学的数倍，历史上涌现过诸多伦理学大咖，他们研究过各种各样的问题。不过与理科不同，伦理学的知识单靠积累很难前进。科学就算不开课，只要有科学家持续研究，必然能继续发展。可伦理学不行（后面会详述），伦理认知若不被个体内化，就无法真正发挥作用。并且，没有伦理，我们将寸步难行。虽然听起来可能会有些意外，但如果没有伦理支撑的话，无论是经济、政治，还是科学都无法成立（估计大家都听说过 STAP 细胞事件[①]吧？那就是科学家抛弃伦理的后果）。所以，每个人都要认真思考伦理问题，伦理并非别人的事情，而是我们自己的人生问题。

“不考虑伦理问题会倒大霉”，这可不是吓唬人的话。当然，换个说法也行，没必要让每个人都把搞科研拿诺贝尔奖当作毕生目标，这根本不现实。而伦理不同，虽然不是所有人都能当

① 2014 年日本理化学研究所研究员小保方晴子团队宣称发现新型“万能细胞”（STAP 细胞），宣称可通过弱酸性溶液刺激体细胞转化而成，成果发表于《自然杂志》。该发现因颠覆生物学常识引发全球轰动。但随后多国实验室无法复现结果，且论文被曝存在图像篡改、捏造等学术不端行为，日本相关部门调查认定论文系造假。——译者注

上科学大咖，但我们每个人都是自己人生的主角。可是，在没有伦理的人生中，我们不仅无法当上主角，可能连跑龙套的资格都没有……呀，这话不也是吓唬人吗？

算了算了，说到底这本书的特色就是，努力给大家营造“伦理重要得不得了”这一氛围。要不然，写完“文首寄语”就编不下去了。

基于以上理由，只能硬着头皮进入正题，相信大家读下去就明白是怎么回事啦！

序章
本书的用途

■ 直接进入突击考试

闲话少说，虽然很想直接进入正文，可在进入正题之前请少安毋躁。

正如文首寄语所言，这本书不是学习伦理学专业知识的教材，那么读了这本书到底能懂什么或者能做什么呢？对这个问题的回答简而言之就是，你在遇到各种各样左右为难的事情时，能依据伦理上的判断得到结论。退一步说，至少能知道你在人生道路上将会面临的各种场景背后的真相。

在此，我们先来做个小测验吧。

肯定有人会哀号："啊？我们才刚上课就要考试呀。"别担心，不会答的话往后读就是啦。

就这样，准备好纸笔进入测验环节。如果这本书是你自己买的，请将答案直接写在书上即可；假如是你从图书馆里借的，还请高抬贵手。

问题 1：假设你是日本某都道府县的知事[①]，有个建筑公司的负责人跑过来对你说："无论如何，请把下个大工程承包给我们公司，我们会给您 1 亿日元的酬金。"

这个时候你该怎么办？

请从以下选项中选一个圈起来：

1. 开开心心地收下 1 亿日元，把工程承包给那家公司。
2. 开开心心地收下 1 亿日元，然后放他（她）鸽子。
3. 直接拒绝。
4. 感到未来无望，辞官回家。
5. 拿鞭子抽他（她）一顿。

问题 2：你和某人订婚了，不过对方突然得了重病，就算结了婚也无法正常生活，你们不可能生孩子，还要花大笔的医药费。

这个时候你该怎么办？

请从以下选项中选一个圈起来：

1. 结婚都没意义了，分手。
2. 履行婚约。
3. 一起自杀。
4. 先喝杯咖啡压压惊。
5. 拿鞭子抽他（她）一顿。

---

① 都道府县是日本的行政单位，知事相当于中国的省长或直辖市市长。——译者注

■ 这本书有什么用处？

或许有人会说："别开玩笑了！"真对不起，确实跟大家开了个小玩笑。不过，我相信在第一个问题上，绝大部分人会选择选项 3 吧。换言之，或许大家会认为"只有选项 3 才能选"吧。

那么，为什么会这样？为什么只有这个选项才能选呢？这种"理所当然"的论调本身就很危险。要是继续追问一句"为什么要这么决定"，估计大部分人会说"那是当然的啊，还要什么理由"。这可不行，说到底还是要给个合理的说法，不是吗？

在上课的时候抛出这个问题，大部分人的回答是"因为受贿犯法"。叮！回答错误！这个回答是本末倒置。法律禁止贿赂，正是因为贿赂本身是恶的。那么核心问题来了："贿赂为什么是恶的？"——没错，伦理学的关键不在于给出答案，而在于能否阐明背后的道理。

那么问题 2 呢？遇到这个问题，许多人会回答"事情因人而异"。话虽如此，但基于伦理学的角度，无论是"理所当然"论者还是"因人而异"论者都不能接受。简而言之，这两种答案本质上都是在用"不需要理由"当借口，而这正是伦理学要破解的思维惰性。

问题 3：号称"大哥"的自由职业者们（其实就是日本黑帮分子），总是把"义气""仁义"（具有东方特色，是源自儒家的词汇）奉为圭臬，而“义气”和“仁义”其实就是伦理价值观。但是，日本黑帮分子无恶不作，很难想象他们能和道德沾上边。可是，他们为何要堂而皇之地把“义气”“仁义”挂在嘴边呢？

或者，日漫《死亡笔记》中的夜神月，利用“死亡笔记本”干掉一众犯罪分子，这种行为到底算不算正义呢？还有，《海贼王》里的海军，个个身穿写着“正义”两字的衣服，但是做了一堆缺德事，这到底算哪门子的“正义”呢？我现在一边看着日本动画电影《风之谷》，被娜乌西卡感动得涕泪交流，一边在本书的初稿中写下这个问题：为何我们会被娜乌西卡的行为感动？日本电视连续剧《相棒》里的警察杉下右京一身正气，为何却经常情绪失控？现实中为何总有不般配的情侣？

我们必须针对以上问题给出答案，换个说法就是，必须能做出伦理判断，并且还要对这个判断给出明确的理由，这就是本书的目标。

■ 本书的打开方式

虽然本书看上去内容极为丰富，但各章只围绕着一个要点展开，大家只需认清各章的关键点即可。

到今天为止，我写的书收到过不少“容易阅读，非常好理解”的正面评价，也收到过“内容太简单，不知所云”的差评。鉴于以上原因，本次采用粗体字和着重号的方式进行标注（其实真不想这样做），供大家参考，以便抓住要点。

第一部分（第 1 篇），也就是入门篇，主要讲解了伦理学的本质，伦理学为何不可或缺，以及伦理学具有哪些实用性等内容。

在写作时，原本第 1 篇之后的内容是伦理学的主要观点以及伦理学的发展历程，这部分篇幅不短，现在将其划入附录中。建议感兴趣的读者可以先从附录开始阅读，不感兴趣的话可以往后放。

不过，请务必阅读第 3 章，这部分勾勒了本书核心论述的基本框架。

第二部分（第 2—4 篇）是本书的中心内容，主要写的是伦理学的基本原理，引导大家做出伦理判断的基础内容。不过，要是罗列一堆抽象的原理就太无聊了，所以本书加入了许多实例（第 15—17 章）。简而言之，让读者能学会分析各类案例才是本书的精髓所在。

不过，部分读者可能希望进行更深入的思考。虽然前两部分无须专业伦理学知识也能理解，但若真的仅仅止步于此，那么伦理学家也就没有存在的必要了。伦理学家作为专业学者，既会严谨推敲细节，又会探索前人未涉足的领域——相信也会有读者对这些比较有深度的内容产生兴趣。针对这一点我早有准备，请看最后的部分（第 5 篇）。

总而言之，大家可以先放过细枝末节的内容，快速阅读开头部分，到了中间再放慢速度，最后根据个人喜好阅读结尾。

那么，让我们进入正题吧！

/目录/
Contents

第 2 篇　社会伦理：正义

第 3 篇　个人伦理：自由

第 4 篇　周边关系伦理：爱

插曲 2　伦理案例研究

第 5 篇　进攻型伦理

附录篇 1　伦理学的分支

附录篇 2　伦理学的方法

附录篇 3　伦理的基本原理

第 1 篇

何为伦理

第1章
何为伦理

1. 简而言之

■ 简而言之，何为伦理学？

什么是伦理学呢？

“既然叫伦理学，那就是研究伦理的学问吧？”

回答正确！所谓伦理学，就是研究伦理的学问，完美答案！

那么，伦理又是什么？

所谓伦理，或许也可以称之为道德，在不同的场合下有时必须将二者区别开来，但是大体上可以认为二者是同一个概念（我本来想统一用其中一个词，但考虑到它们微妙的语感差异，最后还是决定两个都用）。那么，伦理，或者说道德到底是什么呢？

“这个嘛，是‘为人处世的原则’之类的概念吧？”

没错，就是‘为人处世的原则’之类的概念。换言之，也就是“这样做比较好”“不能那样做”之类的概念，或许也可以叫作“善恶的标准”。（我认为，要想对伦理学给出严密的定义还需要更多补充，但简单来说，可以暂时这么理解。）研究伦理学的鼻祖是古希腊哲学家苏格拉底，他化繁为简地将伦理学定义为“好生活”（见附录第 I 章第 2 节）。

■ 人类，就是这样

伦理或者道德都是与人类有关的问题。

换言之，动物或者植物无法成为伦理学的主体。究其原因，（或许）是因为动物或者植物无法做到“三思而后行”，行为模式永恒不变，因为它们的行为都是本能的产物。所以，没人会说“这条狗太没道德了”！

可是，人类却大相径庭。也就是说，人类能做到“三思而后行”，可以自由选择自己该怎么做。这或许是人类的缺陷。也就是说，要么因为人类的本能弱于动物，要么因为人类本身存在缺陷，导致人类的行为模式缺乏稳定性。

暂且不提人类到底是聪明的还是有缺陷的，也不管人类究竟还残存着几成的动物本能。不管怎样，动物根据本能行动，因此没有什么烦恼，人类却要烦恼该怎样选择。

当然，我们烦恼的情况各不相同，要是能有一些固定的规则或标准就好了！这样就不用烦恼了！

没错，这就是伦理存在的意义。

■ 我在必有我行

还有一件事：人类不仅活着，还会采取行动。无论伦理、道德，也无论善、恶，这一切都是人类选择的生存方式，或者选择的某种行为产生的结果。

■ 所以才有了善恶之分

当人类实施“我行”之后，必然会产生“**价值**”。而这里所说的“价值”，并非物质的价格或价值，而是善恶。所以，伦理学最重要的问题便是确定“何为善”。

■ 规范或规则

善比恶好得多，所以与恶行相比人类更倾向于善行（这是当然）。那么，为了实现这个目标，人类必须能判断某种行为到底是不是善。

于是，这又引出了“善恶的判断标准”这一新问题。不仅限于已经付诸行动的行为，包括接下来要付诸行动的行为在内，我们都必须以“不应该这样做”或者“应该这样做”的形式做出判断，这就是所谓的行为**规范**，也就是规则。

■ 总结

我认为，虽然还有一些细节需要说明，但是在此暂且做个总结吧。所谓伦理学，就是研究伦理或者道德的学问。**此外，所谓伦理、道德，是关于人类生存方式或行为的价值规范**。简单来说就是这样。用苏格拉底的话来说就是“理解什么是好生活”。苏格拉底认为，伦理是值得“一息尚存，勤学不已”的学问。

2. 伦理不可或缺的原因

■ 那么，然后呢？

读到这里姑且算是弄明白了“伦理学是研究伦理的学问，伦理则是……”，说实话，相信大家心里肯定在想：“嗯，是这样啊。”“那么，然后呢？”

自从开设伦理学课程以来，学生们刚开始的感言大多是“第一次学习伦理学，请多多关照”，或者是“从未考虑过伦理之类的概念，对自己能学到什么感到好奇”。

大家写感言时肯定手下留情了，估计大家的真实想法应该是“那又怎样”，或者是“伦理和道德之类的东西感觉离我很远，虽然不是非学这门课不可，但是有意思的话就姑且听一下吧”。

这是一个很大的误区。原因在于，无论是伦理还是道德，绝不是大家遥不可及的事物，而是与我们的生活息息相关的事物。因为伦理是只有人类才会遵循的规范，是为人类的行为而生的用来辨别善恶的规范。此外，只要我们活着就必须采取各种行动，只要行动就会有善恶之分，所以伦理问题不可避免（这话虽令人昏昏欲睡，却是事实）。

不过，为何会有人在感言里写“从没想过伦理是什么”呢？应该是到今天为止就算不考虑伦理也无所谓吧，可以后就不好说了！（吓唬谁呢！）

■ 加林佩洛的世界

有些事情要澄清一下。首先，为何伦理不可或缺？其次，说是不可或缺，为何到今天为止根本没想过伦理这个问题，但也过得不错呢？

首先回答第一个问题。

NHK[①] 曾经播出过名为《加林佩洛》（2016 年）的纪录片，讲述的是亚马孙淘金人的故事。金矿位于亚马孙腹地，在那些被黑道头目掌控的矿山里，淘金者们会被威胁：“谁敢把位置泄露给外人，杀无赦。”无数梦想着一夜暴富的不法之徒从巴西各地赶来，逐渐汇集于此。

连摄制组都被自称身负命案、潜逃至此的男人用手枪恐吓过，据说这个男人从少年时代就是个瘾君子。所以，纪录片的开头就有画外音说道：“这座密林里不存在法律与道德。”这些人并非生来就喜欢这样的生活，而且淘金也是个要命的苦差事：栖身在摇摇欲坠的小屋里，逮只耗子都算打牙祭，周围毒虫肆虐，身上裹满泥浆。

纪录片非常好看，尤其令我感兴趣的是，虽然说这里没有法律与道德，但是存在着明确的规则：第一，不得询问别人的背景，因此人们都不使用真名（所有人互称对方外号）；第二，不得偷窃别人的淘金成果；第三，七成金沙属于金矿老板，团

① 又名日本放送协会，是日本第一家覆盖全国的广播电台及电视台。——译者注

队内部平分剩下的三成。

没错，来这里混的都是不法之徒，日子过得苦不堪言。然而，说到底这里依然算不上“不存在道德与法律的密林”。

■ 伦理、道德的必要性

假如这里真的是“不存在道德与法律”的世界，那就不用如此辛苦地开采黄金啦，直接从有黄金的家伙手里抢就行了。当真不把道德与法律当回事的话，缺什么抢什么不就解决了？然而，那些不法之徒没有这样做，事实上他们遵循着群体内部的规则和规范。

从这个角度来看，即使在不法之徒云集的加林佩洛的世界，依旧存在着某些规则和规范，虽然那里的规则和规范与我们所认为的“道德”在感觉上相差甚远。只要人与人之间相互交流，就必然会诞生这样的规则和规范。

就连不法之徒的世界也不能例外，所以想过上普通生活，就必须遵循更严格的道德要求。我们在无意识中遵循着道德要求，同时自然而然地相信别人也会如此，这样才能安心生活。如若不然，我们连生存都很困难。

学生们的感言里写的“从未考虑过伦理之类的概念”应该是亲身体会。不过，即使没有考虑过这些概念，也没有意识到这些概念的存在，我们依旧在日常生活中遵循着某些规范。或许，我们根本想象不到一个彻底不存在伦理的世界。

3. 无法意识到伦理、道德的原因

■ 为何无法意识到伦理、道德

大家已经明白了伦理、道德的必要性。但是，我们为何无法意识到，或者感觉到它们的存在呢？

答案极为简单，自孩提时代起，身边的成年人就对我们灌输了伦理、道德的观念。不过，这一教育并非直白地说“这就是伦理，这就是道德”，甚至连他们自己在教导我们的时候也没有带着“这就是伦理，这就是道德”之类的想法。

■ 语言 / 语法与道德 / 伦理学之间的相似之处

在这一点上，学习道德与学习语言颇为相似。对于自己的母语，即使不学习语法我们也能熟练使用。语法是给不懂这门语言的人准备的。对于母语者来说，语法是无意识的——道德也是如此。有道德的人通常不会特别意识到它。

然而，即使能够正确使用语言，偶尔也会觉得“是不是说错了”，并且说错话的时候会被身边的人当场纠正。同理，有道德的人也会怀疑自己“是不是做错了”，这时就需要伦理学出马了。

■ 小学的品德课到底讲了什么呢？

经常有学生问：“小学的品德课讲了什么？”

大家摸不着头脑一点儿都不奇怪。老师当然不会说“这些事情就是道德”，或者说“这就是标准答案”。因为在孩提阶段，道德并未作为一门知识进行学习，所以在很多人的记忆中，品德课是门“云里雾里”的课程，最多会被敷衍说：“虽然没有答案，但请认真思考。”（当然，认真思考极为重要。）

说句老实话，品德不仅出现在品德课上，更是贯穿我们的整个学生时代。包括学习其他课程的时间、休息时间、社团活动时间、大扫除时间在内，都被默认为品德学习时间。不仅如此，在家庭内部来自家长、在家庭外部来自其他大人的各种批评也是其中一部分。在潜移默化之下，我们就这样从小到大在不知不觉间，将品德融为自身的一部分。

如同空气一般

在这门课程刚开始时，大家会想“以前从没考虑过伦理为何物”，其实在那个时候大家已经具备某种程度的伦理知识了。要是连这点伦理知识的积累都没有，估计大家也不会出现在课堂上了吧。

不过，正因为伦理十分重要，所以大家在小时候就已经接受过这类教育，以至于不需要再去思考“道德是什么”之类的问题。

从这一点来说，道德与伦理如同空气一般。它们虽不可见，但充斥在我们的生活当中，没有它们我们便无法生存。

虽说“无法生存”，没了空气我们真的会没命，而没了道德并不意味着我们会马上丧命。但是，如果丧失了道德，作为一个人就无法正常生活。想作为一个人正常地生活，伦理、道德的力量不可或缺（从本质上说，何为“作为一个人正常地生活”，也是需要思考的课题）。

伦理学小道 1

伦理学越来越不可或缺？

相信许多人已经意识到，我们在童年时期就已经习得（或被灌输）了道德规范，一般情况下，这些规范足以指导我们的生活。于是，自然会产生这样的疑问："既然如此，我们是否真的需要专门学习伦理学？"关于这一点，接下来会在正文中进行详细阐述，这里先简单解释一下。

很久以前，人类的交流范围极度狭窄，个人的影响力也很有限。所以，就算犯点小错也不会造成大问题。在那个时代，光靠以父母为主的大人教导的道德就足够指导我们的生活啦。

当然，那个时代也有伦理学。不过，那个时代需要伦理学的，主要是能影响每个人的、社会身份极高的重要人物，或者有权有势的人物。如果这些人滥用权力，不仅有可能伤到别人，还很有可能伤到他们自己。制约权力就是伦理、道德的义务。法语中有个词叫"Noblesse Oblige"，"Noblesse"是"高贵"的意思，"Oblige"是"有义务"的意思，也就是说"位高则任重”。

然而，如今与往昔不同。如今交通极其发达，人类的迁移愈加频繁。随着技术进步，人类的能力也越来越大，信息沟通手段使得交流的范围愈加广泛。在不久之前，人类的活动范围往往局限于自己出生的地方，很多人连出生的城镇或村庄都不曾离开过。然而如今，就算是普通人也能随便出国。再举个例子，赤手空拳打死人是很困难的，但是当铁制武器、枪支问世之后，杀人成了一件简单的事情。就算不使用物理攻击，通过在网上发帖骂人或者威胁别人，普通人也能伤害别人。然而，人不能为所欲为，不然就会酿成大祸。

以往，伦理学对于有能力的人来说是不可或缺的存在；如今，普通人也具备了极大的能力。因此，伦理学成了防止这种能力被滥用的保险。也就是说，伦理学对所有人来说都是不可或缺的存在。

第 2 章
何为伦理学

1. 伦理必然有弱点

■ 伦理、道德上的弱点

我们平时基本上意识不到伦理或者道德的存在，但是对于我们来说伦理和道德是不可或缺的。尽管如此，人们对道德的信赖感极为淡薄。不仅如此，甚至有些人对道德有某种莫名其妙的厌烦，我曾经也是其中一员。

实际上，虽然将“道德不可或缺”挂在嘴边比较简单，可是接下来的事情比较麻烦。无论伦理还是道德，都存在一些弱点，或者说是难点。

第一，是“善恶之分因人而异”的问题。这应该是导致道德遭到质疑的重要原因。

第二，是“道德是一种强迫”的问题。没错，正是因为觉得“被强迫”，才会产生那种反感。

■ 善恶之分因人而异?!

在每次要大家写课堂感想，尤其是刚开课不久时，收到最多的感想便是“为何善恶之分因人而异”。紧随其后的是“伦理学没用”“不知道伦理学有什么意义”之类的感想。

随着伦理学课程的推进，这类想法会逐渐减少（可能有这种感想的家伙都旷课了）。我建议暂且将这个问题放一放，要是一直对这个问题念念不忘，攻读伦理学的动力自然也就消磨殆尽了。

面对同一问题，意见观点大多会因人而异，因为每个人的价值观不尽相同。但是，这就意味着学伦理学没用，伦理学没有意义吗？

不用说，答案肯定是“不”。恰恰相反，**正是因为每个人的价值观不同**，**伦理学才不可或缺**，这样理解才正确！

■　梳理伦理、道德

对于伦理、道德的认识因人而异，这非常棘手，所以需要伦理学来梳理这个问题。

正确地说，如果仅仅止步于“伦理、道德因人而异”也就罢了，大家互相笑嘻嘻地说：“原来我们的想法不一样啊！”然后互相道别，那倒是没什么问题。可是，如果因为“不同点”走向对立就麻烦了。如果到了争执“我和你到底谁说得对？”的地步，吵架甚至开战都是有可能的。

例如，谚语是道德的智慧宝库，但既有“快则生乱”和“欲速则不达”的说法，又有“先下手为强”的说法。虽然“世上还是好人多”，可“防人之心不可无”。唉！天啊。

教育孩子的时候，有些家长会说“诚实是最好的品德”，也有家长会说“太老实会吃亏”。这种情况在现实生活中引发了无数对立，甚至产生冲突、触发战争。所以，好好考虑一下，不梳理伦理、道德会出大麻烦。为了进行这样的梳理，伦理学诞生了。

■ 没办法解决，麻烦就大了

问题不解决就意味着有麻烦。这才是关键！

事实上，对道德的理解因人而异，有时观点甚至会完全对立，这是个毋庸置疑的**事实**。许多人都认为，既然是事实，那就认了吧（可能根本没办法解决）。原来如此，事实就是权威。然而，从伦理方面，也就是**价值**问题的方面来说，情况未必如此。

例如，三角形内角和无论怎么求证都是180度，就算有人说“能不能改改啊，180度是个大麻烦”，肯定是不能接受的吧。**这就是无论如何也无法改变的事实。**

不过，站在伦理的立场来看，“大麻烦”非常重要。看过新闻的都知道，杀人、盗窃、贪污，总统、首相等政客撒谎，诸如此类的事情我们都见怪不怪了。但是，用“没办法，那就是事实”来自洽可不行。如果报道不虚，那些麻烦本就不该出现，通过我们的努力或许能够杜绝。

若是别无选择，那确实无可奈何。但人类行为大多存在其他可能性（虽然这么说有点怪），所以大多数情况下还是有其他路可选的。所以，只有消极的人才会说“这样下去麻烦大了”；积极的人则会说“只要能改变肯定要去改变”，这才是我们应有的思路。因此，我们必须对不同的，甚至在某些场景下相互对立的伦理、道德进行梳理，这就是伦理学的使命。

2. 一切为了自由

■ “道德是一种强迫”论

接下来讨论第二个问题：道德是不是一种强迫。

我们都不喜欢被逼着做什么事情，所以大家都讨厌被伦理或者道德绑架。我不认为这种想法完全错误，但是我明确反对“学伦理学没有意义”的观点。

正如前一节所述，因为伦理模糊不清且“善恶之分因人而异”，所以我们需要学习伦理学。同理，正是因为道德容易变成一种强迫，为了防止出现这个结果，我们才需要学习伦理学。

■ 孩子无法理解

简而言之，“道德是一种强迫”属于小孩子才会有的观点。我们从小时候开始，就被大人灌输“不许那么做”“必须这么做”之类的观点。当然，小孩子肯定会很不开心，会想“为什么大人总是强迫我呢”。所以，一提到道德，孩提时代不愉快的记忆就会被唤醒，最终心里会冒出“拒绝被强迫”的念头。

然而，回想起来，大人念叨“不许那么做”“必须这么做”的原因无非是“不想给别人添麻烦”“小孩子做这些事情会有危险”罢了。

如果大人能认真说明一下原因，或许小孩子能理解得更透彻，从而明白其中的苦心，但是不能期待所有的事情都能如愿。大人懒得在乎小孩子的心情，而小孩子也未必能理解大人的解释。

■ 大人不说明理由

大人没工夫逐一说明，直接说：“不管怎样，必须这么做！”

当然，有时候是大人心情不好，拿小孩子出气，根本没什么正当理由就发火说“不许那么做”。有时候是大人想把根据自身经验学习到的价值观直接硬塞给孩子。孩子无力反抗，只能不情愿地接受指令，心里充满疑惑。如果真的反问“为什么”，估计只会让大人的火气更大吧。因为就算是大人自己也不明白，为何要对自己的孩子发火。

“不许做那个”“不许做这个”“必须这么做”之类的说了一大堆，可大人就是不肯说理由！真是够了！

在孩子长大的同时，这种不满也在积累，最终会对着伦理学老师（比如我）直接爆发！

■ 伦理学使人自由

正是因为这样，才要学习伦理学，这是伦理学的第二个使命。

伦理学的第一个使命是梳理伦理与道德。伦理与道德中虽然有必要的东西，但也有个人经验的产物（人生论）、纯粹的误区（偏见）以及虽然不知道原因但是传承下来的观念（不明就里的经验之谈）。伦理学首先就是要梳理这些东西。也就是说，“大家认为的道德”未必都是宝贵之物，必须区分出其中的有用与无用之物。

更重要的是，如果是本节提到的有用之物，还要解释清楚判断其为有用之物的理由是什么，这正是伦理学的第二个使命。

如果根本毫无用处，而且理由十分牵强，即使有着“道德”的外表，也纯粹属于强加的东西。伦理学的责任在于，摒弃这些强加的东西。由于道德规范天然具有约束性，其数量理应越少越好。从这个意义上来说，伦理学赋予我们自由。

所以，即使是不可或缺的伦理，伦理学也会思考做出“必须那样做”“那样做比较好”等判断的理由。有明确理由背书的不可或缺的道德，我们自己也会全盘接受并执行到位。到了这个阶段，与其说是“服从”，不如说是基于自我意志的“遵守”。从这个意义上来说，伦理学给我们带来自由。

这样一来，可以说伦理学在上述双重意义上都给我们带来了自由。

伦理学小道 2

科学与伦理学，原因与理由

在道德问题上，对理由的说明不可或缺。事实上，在这方面科学与伦理学大相径庭，对于习惯了科学思考的人来说有些难以理解。原因在于，科学试图说明的东西不是理由而是原因。进一步说，大家虽然在字面上多多少少能感觉到原因与理由的不同之处，但是仔细一想就会发现区分起来难度极大。这两个概念都要回答“为何这些现象会发生（出现）”，可是说起“为何”的时候，有些情况下说的是原因，有些情况下说的是理由，令人困惑。

说明“手中的玻璃杯掉下来，掉在地板上砸碎了”的原因时，科学家会根据杯子的跌落速度和重量测出杯子遭受的冲击力，得出“遭受多少作用力（这一原因），导致杯子破碎（这一结论）”。

然而，伦理学把人类的行为本身作为问题考虑。例如，政客 A 受到朋友 B 的委托：“您能呼风唤雨，帮我对官员施压吧？事成之后必有重谢。”A 最终利用职权为 B 谋利。

在这种情况下，A 的行为动机估计是“不好意思拒绝”“利欲熏心”之类的，但这些都只能算是原因。

或许政客 A 会说：“难道不能这样想吗？这就是我

行动的理由啊！”虽然原因不存在对错，但理由必须有正确与错误之分。前文的理由说到底，都算不上是正确或者可成立的理由。据此，我们不能判断政客 A 的行为是正当的，断定为“不正当，违反道德”更恰当。

总而言之，如果科学研究的是原因，那么伦理学研究的则是理由。而且，研究的是正确的理由。至此，大家是否多少理解了原因与理由的区别呢？

3. 最有用的知识

■ “伦理学无用”论

这是很常见的问题，说到底，学习伦理学有什么用处呢？正如上文所述，伦理学能给我们自由，从这一点来看伦理学确实有用，但是我觉得，仅凭伦理学能给予我们自由这一点来说明伦理学有用还是不够，还需要做些补充说明。

世界上被称为“有用”的知识随处可见，经营学对经营企业来说有用；土木工程学对造大坝、挖渠道来说有用；医学对治病救人来说有用。可事实上，这些知识不能保证一直有用。

那么，伦理学有什么用呢？这确实不好理解，但这也是有原因的。

■ 虽然有用却难以感觉到

伦理学确实有用，正如前文（见第 1 章第 3 节）所述，只是平时大家意识不到罢了。

就算不学习伦理学，大家平时也被身边的大人灌输了很多道德观念。而且，这些道德观念在日常生活中能在某种程度上指导我们的生活（见伦理学小道 1），所以大家可能会觉得没必要专门去学伦理学。

但是，我们从小学习的伦理与道德并未被梳理过，很多说法还会自相矛盾（见第 2 章第 1 节）。身边的大人也从未说明过理由，有时他们是为了自己方便才说“不许那么做”。所以，在遇到具体问题时，我们难免会觉得困惑（请回想序言提到的问题 1 、2 、3）。这样一来，伦理学就派上了用场。

伦理学以独特的方式发挥作用

再说一遍，伦理学确实有用，并且在所有知识中是用处最大的，它以独特的方式发挥作用。经营学对经营公司有用，医学对治病有用。但是经营学的知识对于不开公司的人没用；医学知识对于建造水坝派不上用场。也就是说，“有用的知识”只在有限的场合起作用。

那么，伦理学呢？只学伦理学是无法建造大坝，也无法给人看病的。但是，无论是建造大坝、给人看病，还是经营公司、研究科学，全都是人做的事情。只要是人做的事情，就必然会有伦理参与其中。

缺乏伦理的医生与不道德的工程师

假设某位医生“精通医学却毫无伦理”，你绝对不敢放心地让他给你看病。毕竟医生会突然对初诊患者说“请脱衣服”，如果那位医生是个没伦理、不可信的家伙，你敢和他“坦诚相对”吗？要是到了做手术的地步，你敢让一个不可信的家伙举着利刃（手术刀）靠近完全没防备的你吗？

平时我们之所以能放心地让医生给我们诊断、做手术，伦理起到了很大的作用，虽然我们并没有意识到。

公寓的设计师必须根据抗震标准进行结构计算，虽然这属于技术问题，但是假如设计师欠缺伦理，抱着诸如“反正没人知道，随便应付一下就行”之类的想法进行设计，说不定地震一来公寓就分崩离析了。技术人员必须具备符合身份的伦理（所以在培养技术人员时，不单要教授其技术，还需要将伦理学当作必修课，加入教学计划中）。

公寓的建筑公司或许会对设计师说：“我想节省建设费，改改设计吧，反正地震也不是天天来。”此时，设计师就会想起曾经学过的伦理知识，断然拒绝道：“不行，设计师有必须遵守的事项（即伦理）。”

也就是说，大家认为“有用的知识”，有时也会一点用都没有。但是，无论你是否能够感受到伦理的存在，它随时都在起作用。

伦理学小道 3

关于技术与伦理学的关系（兼论职业道德）

知识与技术最重要的地方在于，它增加了我们的能力，提高了各种可能性。

但是，一个人无法掌握所有的知识、技术，所以需要专家出马。专家与一般人不同，具备了特殊的知识与技术，能够办到一般人无法办到的事情。将这个能力用在善上能发挥很大的用处，用在恶上，造成的危害也非常大。医生如果在言行上不约束自己，必然造成严重后果。他们拥有救人能力的同时，也拥有杀人的能力。所以，有必要**限制**这种能力的使用，让他们只将知识或者技术应用于好的方面。不受限制的能力只不过是暴力罢了。简而言之，这种限制被称为伦理。

到了今天，还有人信奉“科学或技术与伦理无关”，很明显这是错误的想法。在没有伦理约束的情况下使用技术，只会造成危害。缺乏伦理的科学家只能是“邪恶博士”，缺乏伦理的律师只能是“讼棍”。正如前文所述，看似有用的知识和技术若脱离伦理的框架，根本无法正当使用。

因此，越是拥有特殊知识或技术的人，越是要遵守更严格的伦理准则（见伦理学小道 1）。这个概念叫作“职业伦理”，例如律师的职业伦理、医生的职业伦理、技术人员的职业伦理等。

与此相对，涉及全人类的伦理被称作“一般伦理”。

4. 伦理学的答案

■ 伦理学居然有答案?

伦理学有答案吗?这是经常出现的问题。

其实,大家觉得伦理学“含糊且没有答案”的原因在于,被我们自己称作“伦理、道德”的东西本身就很含糊,甚至因人而异。伦理学的任务就是梳理这些东西,对必要的内容进行理性思考。从这个角度来说,伦理学其实是有答案的。

这么说是有原因的,如果一开始就知道答案不存在的话,那还有谁会去研究这门学问呢?可以说,正是因为一些伦理学或哲学的教授们宣称“哲学或伦理学没有答案”,才引起了这些乱象。这是因为,教授们只会说:“哲学或伦理学的‘答案’并不以‘答案如下’的方式公之于众。只有通过自身思考才能理解‘答案’是什么,所以只能自行思考!”

当然,世界上有很多伦理学家,伦理学家们未必在所有问题上都能达成一致。这种现象不是只有伦理学才有,无论是科学还是哲学,所有的专家都是如此。如果只是跟随主流学说开展研究,那确实没有必要,所谓的专家就是一群整天琢磨如何推翻定论、提出异见的怪人。

■ 需要具体的答案吗?

伦理学当然有答案,但是这里有一个需要注意的地方。

正如前文所述，建造大坝的技术、治病救人的技术，这些技术的用途虽然很容易理解，也十分具体，但是并非时时刻刻都有用。而伦理学概念并非具体概念，说得直白点就是抽象概念。正因为是抽象概念，才能应用于多种场景。

有些人不擅长理解抽象概念，我也经常收到“请更具体地说明一下”之类的要求，但“具体的伦理知识”就像“圆形的正方形”，根本不可能存在。

可是，请仔细思考一下，假如我对学生说“砂田君学习认真，我作为伦理学家单独给你开小灶，教你些高深的东西。也就是说，告诉你以后该怎么生活，将今后该做什么都事无巨细地教给你”的话，会怎样呢？你肯定一边跑一边拒绝：“啊？还是算了，不用啦！”或者觉得“真是吓死人了”，然后“嗖”地跑掉了。没错，伦理学讨论的确实是人的生活方式，此处的“方式”并非具体的概念，而是所有人都能认同的概念。

■ 伦理与伦理原理

通常，在我们称之为“伦理”“道德”的概念当中，既有抽象的生活方式、指导方针之类的部分，也有具体行为准则的部分，甚至还包含互相矛盾的部分（见第 2 章第 1 节）。因此，伦理学力图梳理这些内容，将来自各方面的观点尽可能不矛盾地梳理成一个整体。在这种情况下，无法满足太全面的要求，只能将目标定为大家都能接受的最低标准，结果自然容易抽象。

因此，我把梳理出来的结果分别称为“伦理原理”和“基本伦理”，以此来区分“伦理”和“道德”。确实，“伦理、道德”的提法很含糊，因人而异、因时而异，含义也会发生变化。然而，伦理的基本原理要尽可能做到明确、通俗易懂，否则就糟糕了。所以，伦理学给出的答案并非“你应该按这个方式生活”“这种情况下应该这样做”之类的具体指导，而是一般性的基本原理。

其实，是“我”在起作用

与此不同的是，信奉“伦理学没有答案”的人所说的“答案”，不过是“遇到具体事件该怎么办、必须怎么办”罢了。

然而，相信读到这里的人应该知道，这些都不是伦理学意义上的答案。给出这些“答案”的，实际上是实施行为时不同立场的“我”。

或许有人会思考：“为何伦理学给不出我想要的具体答案？”我再强调一次，在“具体的场景”中包含着无数变化，每个变化都对应不同的答案。而且，假如伦理学干涉每个具体的变化，那将导致我们失去自由，失去一切。

所以，伦理学以**伦理的原理**这种方式给出答案。而将其应用于实际情况的，是作为独立个体的我们。

专栏 1：伦理学与人生论

无论是去书店还是去图书馆，人生指南类的书多如牛毛。或许不少人会把伦理学（或者哲学）当作人生论。但是，这是对伦理学的极大误解，伦理学和人生论可以说是完全对立的。

伦理学能为“我该怎么办”等令人烦恼的问题给出一个放之四海而皆准的答案。但是，正如前文所述，伦理学给出的答案极为抽象，到了具体场景不假思索地生搬硬套可不行。

而人生论会给出“遇到这种情况就该这么做”的具体答案。照做说不定真能成功。或许有人会说“我对人生论什么的不感兴趣”，可是包括商业主题在内的许多书籍，内容大都是人生论。如《优秀商务人士的独特之处》《你想成为顶流人物吗?》，基本上都少不了人生论的内容。

那么，伦理学与人生论有什么不同呢?

或许，有人会主张“人生论更好”，因为它直接给出了具体的行为方式，再也不用自己费心思考。伦理学虽然给出了某种程度的答案，但还是需要自己思考问题。所以说，人生论更为方便吗?

当然，讲述人生论的好书汗牛充栋，但很多也存在致命缺陷。那些大多是具体场景下的理论，是否合适就因人而异了。如果手头的人生论书籍无法与你的现状相契合，有些观点甚至互相矛盾，那只能去找别的人生论书籍吗？单单寻找契合自己的理论，或许就要花掉你一生的时间。

伦理学的弱点是必须个人自行考虑如何应用，但伦理学本身就是提纲挈领的，所以用起来很方便。而且，对于“每个应用的具体的‘我’”来说，这其实根本不是弱点，而是自由。这也正是伦理学的优势所在。

5. 小案例——命运按钮

■ 按下按钮获得 1 亿日元

虽然如此，还是觉得需要具体的例子，那就简单举一个吧。

某次课上，某位留学生写下了这样的话：

“朋友问我，‘按下这个按钮就给你 1 亿日元，不过在按动按钮的同时，会死掉一个陌生人，你会按下去吗？’虽然我回答‘不按’，但要是真能拿到 1 亿日元，或许我会按下去的。我之所以回答‘不按’，是不是因为被常识性道德束缚住了呢？”

其实，对“命运按钮”的讨论出自理查德·麦瑟森的短篇小说，不过此时比起读小说，进行伦理学思考更有意思。虽说小说或者电影讲述的是发生在别人身上的事情，但是在做伦理学思考时就会想“要是我的话该怎么办”，将自己代入主角。

这么一来，不出意外肯定想按下按钮，但是感觉有些下不去手。虽然下不去手，可那是 1 亿日元啊！

■ 思想实验

“命运按钮”确实是个有意思的问题，算得上是伦理学中的思想实验。在伦理学研究中大多无法进行观察实验，只能进行**思想实验**（哲学或科学也会用到）。

诸如“电车难题”和“经验机器”之类的著名的思想实验不胜枚举。

所谓思想实验，其实是一种虚幻的故事，但本书没有采用那些广为人知的案例，而是用漫画、动画、小说等虚构作品来探讨。

■　划分为两个层级

看到这些类似考试的问题，有些人在问卷中写道：“很像是心理学测试题啊。”确实，盯着别人问“你是按还是不按”，确实很像心理学测试题。

但是，伦理学提出的问题可不是“你按还是不按”，而是“作为一个人，你可以做还是不可以做”。这两种问法的结果完全不同。如果问别人“你想按下去吗”，说句心里话，连我都说不定会回答“想按下去”。我在课堂上也问过大家，很多人都回答“想按下去”。

正如那位留学生写的那样，确实还有些东西在阻止他“按下去”。事实上，举手表示“不按”的人数，比“按下去”的要多。不过，当我问“应该按下去，还是不应该按下去”的时候，回答“不应该”的人占了大多数。

没错，“想不想按下去”属于涉及心情、感情、欲望之类的**心理学上的问题**，“该不该按下去”则属于**道德、伦理上的问题**。重要的是大家应该把二者区别开来（见伦理学小道 2）。

■　心理原因，道德理由

考虑道德问题的话，最重要的是行动的理由（见第 2 章第

2 节）。

接下来，大家一起开动脑筋吧。确实，从个人角度来说，会忍不住幻想“真想得到 1 亿日元”。虽然那位留学生回答“不按”，但是连他自己都说不出做这个决定的理由。如果能说出理由，就能满怀信心地做出“不按”的决定。这是因为，如果理由是合理的，那么它不仅适用于自己，也适用于其他人（这一理由也是客观的）。因此，必须有个能让大多数人接受的理由，而这个理由也就是道德上的理由。

或许，你们当中有些人会想：“不，天塌下来我也要 1 亿日元，所以必须得按下去！”来上课的 K 同学就兴高采烈地回答：“我吗？换了我肯定‘哐、哐、哐’地按个够！”“为什么要这么做？”“想要钱呗。”不过，“想要钱”只是“按下按钮的动机（心理原因）”，并非“可以按下去的理由（道德理由）”吧？“嗯，可是，大家都这样想不是吗？老师您不是也这么说吗？”确实在情感上可以理解，但如果这成为“可以按的理由”，那么不仅仅是自己，别人也有了可以按下去的理由，这样真的可以吗？

■　相互性

想着“按下按钮”的人，只盯着“按下按钮”意味着“1 亿日元到手”，丝毫没有考虑“同时会死掉一个人”这件事。确实，如果“按下去会在某个地方死去一个不认识的人”，在心理上不会造成什么实际性的负罪感。但是在“按下按钮”意味着“收到 1 亿日元”的同时，也意味着“会死掉一个人”，这么一想，或许还是会觉得难受吧。

而且，如果“因为想拿到 1 亿日元，所以必须按下按钮”成立的话（也就是说，假设这个理由真的是**道德理由**），那就意味着放在他人身上也适用，也就必须承认“别人为了获得 1 亿日元也可以杀死一个人”。这么一来“某些因此丢掉小命的人”中也包含自己，这就不好玩了！

“我”其实是所有人的“我”，可大家往往会从“我自己的我”这个角度上考虑问题。然而，只顾及自己就会引发“我”与“他人”的对立，最终对双方都不利。换言之，这就是伦理、道德的根基。认识到这一点的关键在于“设身处地”，也就是相互性。这也是伦理学最基本的原理之一。被我认同的事情也必须被你认同，反过来也一样，被你认同的事情也必须被我认同。当这种**相互性**被列入做选择的前提时，“我可以按这个按钮”就无法成立了。

也就是说，大家并非单纯觉得“从感情上来说无法按下命运按钮”，而是“基于合理的理由做出了不能按下按钮的决定”。这样的理由非常符合道德的基本原理。

■ 正义的原理

例如，在日漫《哆啦 A 梦》里胖虎有句很有名的台词——“我的东西是我的，你的东西也是我的”。这句话只主张自己的权利，否定了对方的权利，也就是否定了相互性。假如这句话成立的话，胖虎也必须认同大雄主张的“我的东西是我的，你的东西也是我的”。当然，胖虎肯定不会同意。如果自己不认同他人对自己提出的主张，那自己也不能对他人提出同样的主张。为了让他人认同自己的权利，那就必须认同他人的对等权利，这就是相互性。

胖虎和大雄相互认识，而“命运按钮”问题的设定是，按下去死掉“一个你不认识的人”。这么一来，“不认识”这一前提条件麻痹了我们的感觉，但这本质上和“杀死一个人给你一亿日元”是一样的。要是认同了这一点，也要认同“自己被杀也可以”。这么一来，“大家互相残杀也无所谓”这一观点就成立了，这肯定是不行的。

更进一步，相互性不仅仅是“我和眼前的你相互认同”，对“不认识的人”也适用。我的权利是你的义务，同时你的权利也是我的义务，这种相互黏合的关系，进而扩展至整个社会。后面我们会读到，这就是**正义**的真相（见第 4 章）。相互性是个抽象化程度极高的词汇，而正义这个词的抽象程度更是高得可怕。但正因为抽象，它才能成为基本原理，才能适用于各种情况。

总而言之，胖虎的说辞在道德上是不对的，“不能按下命运按钮”是正确的选择，这两者都是依据相互性、正义的原理而得出的结论。

■ 道德的基本原理与理由

大家再确认一下要点吧。

伦理学思考的不是“要不要按下按钮”这样的心理层面的问题，而是“应不应该按下按钮”这样的道德规范层面的问题。

但是，与科学不同，道德无法通过实验或者观察进行验证（实证）。所以，为了确认相应的规则是否符合道德要求，**必须拿出大家都能认可的理由**（论证），正如前文例子中提到的“不能为了让自己获得 1 亿日元而去杀害他人。因为如果允许这样做，就等于承认自己被杀也是可以的”。

依照这个理由推理下去，就能找到放之四海而皆准的**基本原理**。在“命运按钮”的例子中，“为了让他人认同自己的权利，自己也必须认同他人的权利”，这就是相互性原理（正义）。

提出这个问题的留学生回答的是“不按”，他只是对这个回答缺乏自信。按以上方式考虑，我们发现这个选择不仅在直觉上是正确的，而且经过深入分析后依然能成立。能够独立完成这样的思考，这就是学习伦理学的意义。

插曲 1
伦理三领域

第3章
伦理三领域

1. 三种关系

■ 岔路口

说实话，原本打算从这里开始，写些伦理学的分支、伦理学的方法论之类的内容，然后再以此为基础，引导大家接触伦理学的基本理论，且本书最初的定位也是“伦理学研究”。不过，很担心以这样的结构来撰写，本书就成了长篇大论，导致不少人没有读下去的欲望。

因此，哪怕本书最终结构怪异，我也要将“伦理学的分支、伦理学的方法论”等内容划进附录，从这里直接进入主题。

接下来该如何阅读本书，就全凭诸位啦。根据本书“从头开始”研究伦理学这一定位，想从附录开始读也行；或者把附录放在最后，先从本章开始读也可以，具体可以分成以下几条阅读路线，供各位参考：

贤者之路：正文（1、2章）→附录（Ⅰ—Ⅴ）→正文（第3章起）

王者之路：正文（1、2章）→附录（Ⅲ—Ⅴ）→正文（第3章起）

勇者之路：正文（1 、2 章）→正文（第 3 章起）

■ 伦理作为人与人的羁绊

本书的目标是构建一种能整体把握（哪怕比较粗略）我们人生的伦理学。为此必须确立坚实的理论基础（见附录第Ⅴ章）。

伦理，其实是我们与他人的羁绊，日本有代表性的伦理学家和辻哲郎也看重这一点。汉字“伦”中“仑”的本意是“将物品束成一体”，旁边跟着代表人的“亻”。此外，日语中还有“人间”这个词，字面意思就是“人与人之间”。

当然，词源只能提供思考线索，并非充分依据。其实仔细想想就会明白，绝大部分场合被认为“有道德”的行为，出发点都是该做哪些事情才能更好地维护与他人的关系。“不许给别人添麻烦”“设身处地为他人着想”等观念，都是我们从小就被灌输的。当然，“他人”是个很宽泛的概念，到底谁是“他人”一直是个谜，但是我觉得首先把重点放在“人际关系”上是个不错的选择（后面再详细分析）。

■ 个人与社会

问题在于，如何梳理各式各样的人际关系。把我们每一个人，从与他人的关系中单独摘出来看，大家无一例外都是“个人”。“个人”中的“个”字简单来说就是“分离、独立”的意思。但是，吊诡的是，与他人无关的状态也是人际关系的一种状态。这些独立个体的集合构成了“社会”。如果只提及“社会”，或许大家感觉不到“人际关系”的存在，因为这种关系往往遥远而稀薄，本质上是“陌生人之间的关系”。

传统伦理学的局限

个人与社会这两个维度很容易理解，因此传统伦理学主要围绕二者展开（如附录所述，边沁的理论以社会为中心，康德则以个人为基础），但是仅凭这两个维度无法全面覆盖我们的生活。原因在于，至今为止的伦理学家们虽然知道还存在另外一个维度，却有意选择了忽视。

谎言与康德

这个问题经常被当作热点，对于伦理学的传奇人物康德来说，“不许撒谎”是绝对不能动摇的规则。

确实，大家都知道“撒谎不是好事”。但是，也有个说法叫作“善意的谎言”。可惜，康德表示绝对不允许谎言的存在，不管是出于什么目的（理由见专栏 2）。坦白说，我也觉得康德对谎言的看法有些过头了。其实，贡斯当曾通过思想实验向康德提出疑问。

朋友冲进我家求我：“有个杀人狂魔正在追我，让我先躲一躲。”我把朋友放进家后不久，杀人狂魔要是对我说：“你肯定把人藏起来了，赶紧把他交出来！”那我该怎么办呢？在这种情况下允许撒谎吗？这就是贡斯当的问题。

■ 遵守义务比朋友还重要?

对此，康德是怎么回答的呢？没错，和我们想的一样，就算在这种情况下康德还是不允许撒谎，他斩钉截铁地表示“不行”。

这种态度固然纯粹，但朋友正被杀人狂追杀，却向凶手坦白朋友的藏身之处，这种思维是否太过僵化？

专栏 2：康德、《欺诈游戏》与互联网

就我看来，假如是为了救朋友，对杀人狂魔撒谎是完全正当的。

不过，实际上我也认同康德的观点。

一般来说，我们倾向于相信人类不会随便撒谎，假如没有这个基本信赖，那么可能就连生存本身都成了难题（虽然有人嘴上说“我什么也不相信”，但实际上肯定做不到这一点）。原因在于，如果“撒谎没问题”成了主流，那么别人说的话到底是真是假就很难分清了，这无疑是个令人不寒而栗的局面。例如，大家想想日漫《欺诈游戏》就明白了。主角因为巨额奖金来参加游戏，在游戏里人们“可以随便撒谎”。这样一来，必须时刻怀疑眼前的人是否在欺骗自己，这很痛苦。

但在《欺诈游戏》这样极端的状态中，仍存在救赎的可能。因为游戏的幕后黑手拥有绝对权力，可以严格执行游戏规则。玩家能够确信“只有游戏的幕后黑手绝对不会撒谎，是唯一可信的人”，欺诈游戏才能作为游戏成立。此外，离开游戏后可以回到真实世界。也就是说，假如有个“可以撒谎”的世界（与《欺诈游戏》里的设定不同，没有绝对权力的幕后黑

手，也就没有地方可以逃避），这里没有任何可以相信的东西，那么这个世界简直和地狱别无二致。例如，去超市买东西的时候，配料表上的文字是否可信；就算买瓶果汁，搞不好收银员也会做手脚；甚至再进一步，果汁里说不定早就被下了毒……

你或许觉得这不可能，但如今这样的噩梦早已在某些方面成为现实。政客可以通过散布谣言隐瞒事实，互联网上故意传播虚假消息也变得司空见惯。结果，我们能想象得到，现在互联网上的信息大多是假的。一想到这一点，我就对康德的观点产生了共鸣。

重要的是，我们每个人都要努力不说假话，同时具备能冷静地看清事实的慧眼。即使谎言泛滥，只要具备识破谎言的能力，谎言就无法产生影响。（如果这本书里有谎言，也必须能够识破它！）

日漫《海贼王》（后文还会提及）中，娜美的存在为故事增添了不少色彩。她屡次背叛伙伴，但这种行为恰恰反衬出“信赖”的价值所在。《海贼王》创作得真好啊！

人性的差异

康德可以说是“义务论”的代表人物，而义务论（见附录第 I 章第 2 节）的特征在于，从极端抽象的角度定义人类。在义务论者中，现代义务论的代表人物是约翰·罗尔斯、罗伯特·诺齐克等人，和康德一样，他们描绘的人性过于单薄。

但这正是义务论的目的所在。康德等人排除了人类在日常生活中具体的人际关系，他们认为只有这样才能找到“普遍适用”的道德原理。对于我们追求的目标来说，这是过于单薄的人性观；但换个角度，这也是极其纯粹的理想人性观。虽然康德主义者人数众多，但是他们的思想和我们现在寻求的伦理学并不相同。

专栏 3：康德的定言命令式（伦理学用语的难度与便利性）

康德乍一看确实像个顽固主义者，不过“绝对不许撒谎”的观点确实是基于对道德最朴素的认知。

包括“不许撒谎”在内，康德认为“道德是种无条件（绝对性）的命令”。这是因为，康德试图将道德提炼为一种适用于“任何情况”“任何人”（即不受条件约束、普遍适用）的形式。这就是所谓的定言命令式。

这个词有些拗口，所谓的“命令式”其实就是“命令”，而“定言”是伦理学术语。在伦理学中，命令分为假言命令、选言命令、定言命令。假言命令的形式为“如果……那么……”，选言命令的形式为“不是……就是……”。与两者不同的是定言命令，直接就是“是……”这种形式。在康德看来，道德绝对不存在“如果……那么……”或者“不是……就是……”的选择性，只能是“绝对要这样做”的无条件命令。再强调一次，康德之所以这样认为，是想找出“无论在何时、何地、何人身上都能应用的道德”这种极其抽象的东西（正如前文所述，这导致康德的人性观极其抽象且单薄）。

再多说一句，“定言命令”等词汇是伦理学常用的术语，这些术语不可或缺。因为，假如不使用“定言命令”这个词，在提及类似概念时就得说“以命令的形式提取出的，无论何时、何地、何人都适用的，绝对且无条件的道德规范”这么长一大串。从这个角度来说，术语其实很方便。但是，要想理解好“定言命令”这类术语，如前文所述，就必须预先掌握伦理学基本知识和康德思想入门知识，也就是说，必须学习到一定程度才能看懂。所以，本书有意不使用这些术语（因为这些词汇在很多地方都用不上，突然拿出来说对方也未必能马上听懂）。

使用术语能够简短地将复杂的内容正确表述出来。相反，由于不使用这些术语（我已经尽力用正确的方式来表述了），这本书可能会显得有点啰唆（好吧，在读者看来这些可能都是借口）。

三种关系

没错，从这个角度来看就明白了。再强调一次，康德追求的是“无论在何时、何地、何人身上都能应用的道德”。所以，像友情这种因人而异、因事而异的关系，他似乎有意选择了忽视。同理，边沁或者戈德温为了寻求“对所有人都适用”的原理，连爱情与婚姻都不屑一顾（见附录第Ⅳ章第1节）。他们的追求确实有重要的意义，但是都有些走极端。他们所忽视或者否定的东西，其实既不属于个人层面也不属于社会层面，而是介于两者之间，属于周边关系。或许，正是因为有了这层介于两者之间的领域，我们的人生才被赋予了厚重感吧！

我们每个人都是独立的个体。而这个个体又生活在与他人的羁绊中。与他人的羁绊分为两种，一种是社会关系。正如前文所述，从社会层面来看，每个人都独立于其他人，相互之间的关系极为淡薄。与此相反的是，还有一种关系被康德或者边沁等人忽视掉了，那就是与家人或朋友等人的周边关系。

要是这个所谓的周边关系能有个简洁的名称就好了，但是至今还没找到合适的。虽然有“亲友圈”这样的说法，但是大家很少用吧？你看，缺乏恰当的名称，恰恰证明人们容易忽视它。

谁想到好名字一定要告诉我，但是现在没办法，只能用不太正式的说法，暂且叫作“周边关系”吧。

然后，我们再次思考“人与人之间的关系只有三种”这一说法。

2. 确定三种关系

两极与中间

虽说“人与人之间的关系只有三种”这个说法抽象且不好理解，不过问题不大，接下来我会逐一进行详细分析。

实际上，无论是怎样的关系，都能套进这三种关系里。假如按“个人”与“社会”是两极、中间就是“周边关系”来考虑，确实只存在三种关系。如果模仿几何学的说法，这三种关系分别是“点、线、面”。

个人与社会这两极容易理解，但是周边关系这个介于“两者之间”的概念比较笼统，里面囊括了各种复杂的关系。家人、恋人等都是极为亲近的关系，但与社区邻里的关系既有亲近的也有疏远的——比起抽象的“社会”确实算亲近，但相较于家人和恋人又显得疏远。

总之，个人与社会是两极，这两极是绝对不变的存在。周边关系则处于“说远却近，说近却远”的状态，是一种相对性的存在。而且，周边关系也会出现“一人分饰多角”的情况，所以“复杂的人际关系”大部分集中在周边关系中。

试图构建学术性伦理学的学者们要么只着眼于个人（康德），要么只着眼于社会（边沁），有意忽视周边关系。但是，要想看清我们真正需要的伦理学的全貌的话，就绝对不能忽视这个“中间地带”。这也是我写这本书的初衷之一。

■ 某位伦理学家的一天

那么，举个具体的例子供大家参考，以便大家更好地掌握这三种关系的内涵。以下是我写于 2015 年某日的日记。

（a）不久以前父亲住院了，今天早上我去医院看望他。父亲的身体情况恢复了很多，已经能吃下我带去的食物了。

（b）之后我回家，出完了大学课程的考试题。不出意外，出考题是个苦差事，虽然上课有意思，但是考试真让人讨厌啊。

（c）出完考题了，给教务负责人井上先生发了邮件。

（d）傍晚，与好友铃木君约好见面，一起去听谷山浩子的音乐会。这是一场等了一年的音乐会，我们听得很入迷。

（e）音乐会结束，和铃木君一起在我家附近的居酒屋吃饭，然后各自回家。

■ 案例分析

一起来确认一下上面这些场景里出现了哪些人际关系吧。

（a）“我和父亲”属于极为亲近的**周边关系**。

（b）出现了**社会关系**。出考题是我必须一个人完成的工作，这是与属于社会制度的学校相关的必要之事。

（c）这里出现了一位具体人物井上先生，我和他只是工作上的关系，属于还没有到达朋友程度的**周边关系**。

（d）铃木君是我的朋友，我和他是比较亲近的**周边关系**。

而且，票也是铃木君买的，在此谢谢铃木君啦。

（e）我和与我一起吃晚饭的铃木君还是朋友之间比较亲近的**周边关系**。

就是这样，哪怕短短的一天，我们也生活在多种关系中。复杂归复杂，但是这些关系没有超出我们发现的三种关系的范畴。

重叠的关系

关于（d），虽然我和铃木君一起去音乐会，但听歌时我完全沉浸其中，甚至忘了他就坐在我旁边。换言之，这个时候我是自己一个人在享受音乐。还有，我们也可以从经济学的角度来观察这个音乐会，这种情况下歌手谷山和音乐会主办方属于服务提供方，而我是为此支付费用的客户，这明显是**社会关系**。

由此可知，即使是同一个场景，也存在多个观察角度。也就是说，这三种关系不仅是分类，更是观察**视角**。

3. 用漫画来分析

三种关系的应用

刚才介绍了我个人的一天（可能大家对此不太感兴趣），接下来用更吸引人的素材——漫画和动画来看看如何用这三种关系来解析故事。

■ 对《死亡笔记》的分析

先以被改编成动漫及电影的漫画《死亡笔记》为例（抱歉，在这本书里我总爱用它举例）。

主角是一个名为夜神月的高中生，他是个能斩获全国模拟考试第一名的学霸。父亲是警界高官，他自己也是个极具正义感的人。而改变他命运的是一个笔记本，据说是死神专用笔记本。只要在这个笔记本上写下某个人的名字，那个人就会一命呜呼。死神琉克因觉得无聊，故意把笔记本遗落在人间，后来被夜神月捡走。夜神月拿到这个笔记本后，专门用来“清理”人间的犯罪分子，尤其是那些逍遥法外的极恶之徒。他通过父亲的电脑入侵警察系统内部获取信息，接连处决恶人……

看过这个故事的人无一例外，都会有这样的疑问：“夜神月做的事情到底算不算正义呢？”我们先把正义与否的事放一放（在第 4 章具体讨论），首先确认一下其中的三种关系吧。

夜神月使用死亡笔记本的目的是打造一个没有人犯罪的理想社会，为此他马不停蹄地除掉了一批和自己没有直接关系的犯罪分子。在夜神月杀害恶人的场景中只存在**社会层面**的关系。

然而，警方也察觉到有人在使用不明手段制裁犯罪分子，于是世界著名的天才侦探 L 登场，随后夜神月就被一步步逼进了死胡同。为了干扰警方的视线，夜神月开始利用周围的人。在剧场版中，夜神月用死亡笔记本杀死了假装交往的女孩（对她毫无感情），甚至把自己伪装成受害者。（好过分啊！）

还有，对夜神月百依百顺的女孩弥海砂也成了他的利用对象。原本夜神月是要和弥海砂结婚的，可《死亡笔记》这部作品对爱情的描写完全看不出美好之处。弥海砂觉得嫁给夜神月会很幸福，夜神月自己却对结婚毫不在意。

这样看来，大家就能明白，夜神月只关注**社会关系**，他对于**周边关系**没有任何兴趣甚至刻意践踏。

■ 对《无间双龙》的分析

漫画《无间双龙》也被改编成了真人版电视剧，这也是一部很有意思的作品。

主角龙崎郁夫在孤儿院长大，孩提时代他敬仰的柏叶结子老师惨遭杀害，警察却因为不可告人的原因把案件隐瞒了下来，长大后的郁夫以报仇为目的加入了警察系统。

这部作品乍一看好像和《死亡笔记》很像，都以正义为主题。然而我认为这两部作品完全不同。郁夫当警察是因为自己身边最宝贵的人遭到杀害，所以想要报仇。

从这个角度来说，《无间双龙》的主题并非追求**社会**层面的正义，而是为了**周边关系**中的爱。正义与爱经常被混淆（后面会详细展开）。在剧场版中，这部作品的名字变成了《无间双龙：这份爱，才是正义》。

■ 对《海贼王》的分析

上课的时候一提到正义的话题，不少同学就会说“想起《海贼王》啦”“老师应该看看《海贼王》”之类的话。

当初上课时，我还没看过《海贼王》，我后来补看了漫画，真有意思啊！而且主创们对典型的人际关系刻画得很传神。主角路飞为了当海贼王集合了一群人，当然，作为读者大家会把感情投入到路飞身上 。这样一来，敌对方的海军，也就是名义上正义的一方就成了“反派”，而且海军的行事作风确实很卑鄙。所以很多同学会问:“《海贼王》里的海军总是把‘正义’挂在嘴边，可做的都是下流的勾当。海军是正义的一方吗?”我该怎么回答呢?

但是，在我看来，《海贼王》的主题并非“正义”。抱歉，我只看到了第七卷（上课的时候一坦白，就会挨学生们白眼:“才看到第七卷就敢讨论《海贼王》? 好歹看完二十卷再开口吧!”）。

《海贼王》的主题在开篇写得很明白，小时候的路飞对红发海贼香克斯敬仰有加，因为香克斯就算身负重伤也要保护自己的伙伴。长大之后的路飞也和香克斯一样，把伙伴当成最重要的人。

用我们的术语来说，路飞的世界是**周边关系**的世界。《海贼王》本身是部奇幻漫画，几乎没有对于**社会关系**的描写（至少到第七卷为止是这样）。这部作品处处彰显的都是纯粹的友情方面的内容，彰显这些内容也是《周刊少年 JUMP》的撒手锏。

从这个角度来看，同在《周刊少年 JUMP》连载的《死亡笔记》里丝毫没有友情、拼搏、胜利（这是《周刊少年 JUMP》的信条）等元素，这是部风格独特的 JUMP 漫画。

按照这种方式，仅仅从三种关系的角度审视漫画，改变一下阅读方式，我就觉得获得了双倍乐趣。接下来我们从更精确的角度研究一下吧。

第 2 篇

社会伦理：正义

第 4 章
正义的真相

1. 作为平衡的正义

■ 夜神月正义吗?

接下来我们将探讨社会、周边关系、个人三个层面分别需要怎样的伦理原理。首先，从社会层面开始。

例如，对于《死亡笔记》大家最关心的是“夜神月的行为是正义的吗”。虽然在课堂上同学们的意见分成两派，但有趣的是，当深入询问理由时发现：虽然两派观点本身是对立的，但正义派给出的理由相当一致，非正义派给出的理由也高度趋同。

正义派认为:“理由的话，我认为说到底恶行应该受到惩罚。”非正义派的理由主要有:“那些‘罪犯’虽然做了坏事，但严重程度不同,可夜神月用死亡笔记本把他们都杀掉了。”“夜神月的判断过于主观随意。”“后来，他为了自己的利益还杀掉了没有犯罪的人。”“就算是坏人，一律杀掉也不对啊。”

这样看来，认为“夜神月的行为不是正义的”一派的理由更为充分，所以非正义派获胜!

汇总意见

不过，少安毋躁。

有段时期日本流行辩论比赛，所以上课的时候有学生提议“搞个辩论会”，伦理问题尤其适合作为辩论素材。

辩论比赛终归是个游戏，必须给出明确的胜负结果，大家热衷于此不难理解。但伦理学不讲究胜负，伦理学的目的在于寻找大家都认可的理由。

事实上，虽然非正义派胜利了，但是正义派好像并不接受这个结果。这样的话，讨论“夜神月的行为是正义的吗？”这个问题就没有意义了。接下来，让我们把双方的意见汇总一下。

罪与罚的平衡

为何正义派无法得到大多数人的认同呢？试着再次梳理一下正义派给出的理由：“因为夜神月惩罚了犯罪分子，所以他是正义的”“做了坏事就要受罚，这是理所当然的”等等。无论如何，正义派在这一点上绝不妥协。这也确实有道理。

我们再来看看非正义派的理由吧。虽然非正义派否定了夜神月的正义性，但是他们并未否定“做了坏事就该受到惩罚”这一观点。

在“犯罪必受罚”这一点上，双方的观点其实是一致的，不同的是“到底该给予犯罪者多重的惩罚，以及该由谁决定进行这样的惩罚”。

该给予犯罪者多重的惩罚确实是个难题，罪行有无数种。但是，重罪重罚、轻罪轻罚绝对是一条公认的准则。换言之，罪与罚必须平衡有度。关于这一点，无论是正义派还是非正义派都不得不承认吧？

■ 天平的含义

在日本，有些法庭的门口会建一个女神像，她的名字叫作朱蒂提亚（在拉丁语中是“正义”的意思）。“正义女神”朱蒂提亚手持天平，日本律师协会的徽章正中间也画着一个天平。日本律师协会徽章上天平的含义是“天平一侧的托盘上放着罪，另一侧的托盘上放着罚，两侧保持平衡才是审判的职责所在”。

所谓正义，其含义就是让罪与罚保持平衡，而实现平衡的手段就是法律与审判。

无论是正义派还是非正义派，应该都认可这一点吧！

2. 社会、正义、以自我为中心

■ 个人无权决定

正义派忽视的一点，同时也是非正义派提到的一点，即“夜神月擅自决定判处罪犯死刑”。当然，这是因为夜神月拥有死亡笔记本，拥有普通人根本无法拥有的力量。当然，现实生活中不会出现死亡笔记本。那么我们该怎么做呢？没错，由警察抓捕犯罪分子，法庭做出判决。

为什么法律与司法不可或缺呢？原因在于，就算像夜神月这样聪明绝顶的人，擅自处罚罪犯也会出现偏颇，无法实现罪与罚的平衡。

夜神月最开始“想实现正义”，也就是说“想实现罪与罚的平衡”。虽然有司法和警察，可事实上他们抓不到犯罪分子（因为证据不足，或者警察工作能力差等），令人觉得罚难以实现或者与罪不匹配。此时，夜神月就打定主意：“那就让我用死亡笔记本的力量实现罪与罚的平衡吧！”

然而，事实上夜神月能做的事情是，无论罪犯犯下何种罪行，都只能给予罪犯单一的惩罚，即用死亡笔记本消灭罪犯。而且到了危急关头，夜神月为了自卫用死亡笔记本杀害了无辜的人。到了这个阶段，他的所作所为已不再是为了实现罪与罚的平衡。夜神月为了实现正义（罪与罚的平衡），自己主动催生了非正义（罪与罚的不平衡）。而且，这也是由拥有绝对权力的夜神月擅自做出的决定。

正义的本意是使得罪与罚能够达到平衡，但还有更重要的一点，即正义不能由个人来决定，换言之，社会机制不可或缺。

■ 正义与以自我为中心

正义并非属于个人，这一点极为重要。课堂上常常出现“正义就是坚持自己的信念”这样的观点。比如当权者独断专行，周围的人随声附和，而自己认为那样不对，于是决定“我要坚持自己的信念！”

大家都是错的，只有自己一个人是对的，这样的情形有时确实会发生。而且，“只有我一个人是对的”这种场面确实会让人觉得“我太酷了”。但是，这只是自己内心的想法，是不是正确的还未可知。而且，一旦咬死“我即正义”，就会重蹈夜神月的覆辙。这种行为和恐怖分子无异。恐怖分子中几乎没人会想：“我要干坏事啦 。”他们想的应该是：“我们要做正确的事情，可是人们不愿相信，这个世界走偏啦，必须把这个世界彻底毁灭！毁灭这个世界才是正确的选择！”这么做的结果就是正义失控了，正义一旦开始失控就不再是正义。

“正义”这个词的本义是“正确性、正确的事情”，不仅适用于社会层面，也适用于个人层面（正直的人、正义之人或正确的行为、正义之行）。不过，正如前文所述，如果执着于“自己心中的正义”，最终将无法辨别何为真正的正义。到了这个阶段，就算本意是想做正确的事，也只不过是以自我为中心罢了。

■　人人平等

正如前文所述，正义意味着社会的平衡，绝非在某一个人心中就能成立的、以自我为中心的东西。

要注意的是，我们每个人都是各自的“自己”或“我”，无论怎样都存在以自我为中心的倾向，总觉得自己是特殊的存在。“并非特殊存在”不是意味着价值的降低，而是意味着“人人平等，我只是其中一员”。

3. 鲜活的社会

动态的社会

社会其实是由无数个叫作“自己”的人组成的。人在其中尽力维持社会的平衡，而把平衡维持下去的东西，就是正义。

用人的身体打个比方，正义就是人的健康或体内平衡。只要全身协调运作，就能保持健康。同理，当社会作为一个整体保持平衡时，正义就能实现。

人生于世间，唯一不变的就是变化。在变化中依旧能维持平衡，这就是恒常性机制在起作用。同样，这个鲜活的社会也在不停变化，之所以能维系大体上的平衡，靠的就是正义。写下畅销书《生物与非生物之间》的生物学家福冈伸老师曾说：“所谓‘活着’就是维系‘动态平衡’的状态。”“平衡”，一般是物理学用语，经济学上相同含义的词叫作“均衡”。按照福冈老师的说法，能在动态变化中保持平衡才是“活着”。但是，这不仅是生物的特征，社会也一样，正是因为正义能够维持动态平衡，社会才能实现有效运转。

但是，和人体紊乱会引发疾病一样，社会失去平衡后也会出问题。失衡往往是那些自以为是的人，为了自己的利益伤害他人、掠夺他人造成的。在这种情况下，将被破坏的平衡复原，就要靠正义的力量。

正义不是自然现象

必须注意的是，无论是天平的比喻（见第 4 章第 1 节）还是上述内容，终究只是比喻。尤其关键的是：生命所具有的“动态平衡”是自然现象，而社会的动态平衡只能靠人类自己去创造。

虽然说是“创造”，但平衡不是我们有意为之的，而是我们在无意之间追求的。当我们看到错误或者不公平的现象时，会觉得：“这不对！”这就是所谓的“正义感”，是我们个人的真实感受。假如这种正义感不存在的话，实现正义、创造正义的努力将不会被付诸行动。

但是，要想实现正义，就需要社会整体有意识地运转起来。后续还会提到，我们所创造的各种社会架构、制度，都是为了达到这个目的。正如前文所述，这个社会需要司法制度。不仅如此，还需要政治制度、经济制度等，这些都是为实现正义而设立的制度。

第 5 章
剖析正义

1. 胜者即正义？

■ “正义”太过单薄？

大家已经明白了正义的要点。所谓正义，就是能保证社会的平衡，当平衡崩溃时能将社会复位。

但是，多年的授课经验告诉我，每每按这个路线讲课，不少人会忍不住说：“啊，就这样？我还以为提到‘正义’时，老师会啰嗦一大堆！”其实，我也颇有同感，总觉得正义应该更浓烈、更炽热，那种感觉才对。前面这个结论只是我的一家之言，因此，让我们一起来分析一下。

在平时的工作生活中，或许“正义”这个词的使用频率并不高，但是“正义的伙伴”“检察之正义”“胜者即正义”等说法大家听过不少，而且多多少少也能理解其中的含义。这就是需要重视的地方了，不知不觉间，当其他的印象混入其中时，正义的内容就会因人而异。

意外的是“可爱即正义”这句话也时有耳闻，不用说就知道这绝对是在插科打诨。

胜者即正义？

提到“正义”时会想到什么？不出意外，“正义的伙伴”经常在回答里占有一席之地。让我们先讨论相对简单的例子：“胜者即正义”“胜者为王”。

稍作思考就会发现，这种说法很不对劲。假设“A 和 B 打起来，A 赢了”，很明显，与其说“A 赢了是因为他代表正义”，不如说“A 这一方实力强大”。没错，获胜是因为强大或者有实力，并非行为上的正确。也就是说，正义只代表行为上的正确，并不与强大、有实力、胜利之类的东西相伴而生。

实际上，假如“胜者即正义”成立的话，在《哆啦 A 梦》中胖虎能战胜大雄，那么胖虎就成了正义的一方。可事实并非如此，胖虎胜利的原因是在力量上占优势。

强大、有实力、胜利绝不能和正义混为一谈。

“正义的伙伴”？

这么一想，“正义的伙伴”的意思也就呼之欲出了。漫画或者动画片里冒出来的“正义的伙伴”确实具备某些正义的特质，但实则也混杂了大量非正义的要素。

“正义的伙伴”要干掉邪恶组织，因为邪恶组织威胁到了世人的生活，破坏了社会秩序，消灭它们能让一切回归原本的样子。从某种意义上来说确实也算正义的行为。但是，说到底，“正义的伙伴”才懒得把坏蛋们扭送公安局，而是直接“轰隆”

一声把他们炸飞。这和《死亡笔记》里夜神月的做法如出一辙，同样存在缺陷。

“正义的伙伴”基本上无往不利，要不然我们这些观众可不会善罢甘休。不过，正如前文所述，想要“胜利”就必须有实力，“正义的伙伴”不仅仅要代表正义，还必须具备实力。

而且，在大多数情况下，“正义的伙伴”还要待人温柔。问题是，“正义”和“温柔”根本是两回事，更不用说他们还得个个英俊潇洒。啊！果然所谓“正义的伙伴”其实是多种要素的混合体。

确实，“正义的伙伴”很了不起，但现实中不可能存在这样的人物。因为，除了正义之外，他们还要强大、有实力、温柔、帅气等等。如果根据上述这些印象来考虑正义的本意，那么“正义的作用是维持社会的平衡”这一说法无疑会令人觉得太过单薄。

但是，前文也提到过，伦理的原理说到底是“基本原理”，略显单薄也说得过去。若贪心地想把所有要素都塞进去，只会让各种概念混杂不清，最终掩盖最重要的本质。

2. 正义不存在？

■ 正义因人而异？

学生们提到的关于正义的印象还有很多，但是我认为不得不提的，就是“认为正义不存在”的那群家伙，他们的理由是：

“正义因人而异。”

确实，这么说的原因倒也不难理解，例如战争时期，双方都会认为自己这边才是正义的。A 国肯定会说：“B 国作恶多端，我们是为了正义才发动战争的，所以我们没错。”而 B 国会反驳说：“是 A 国先发动进攻的，正义在我。”再比如既有“桃太郎讨伐恶鬼是正义的[①]”这一说法，也可能有人反驳“我父亲就是被桃太郎杀害的”（虽然有些突兀），那桃太郎到底算不算是正义的一方呢？到底谁才是正义的一方就很难确定了。由此，有些人得出“正义因人而异，因立场而异”的结论，最后甚至会说“正义不存在”。

正义由自身得失而定？

从以上观点可以得知，有时对立双方都会主张“正义在我”。也就是说，双方不同之处不是否定“正义本身”，而是都在主张“正义在我”。在对立中，这样的主张并不稀奇。

主张“正义在我”的人，往往把对自己有利的东西叫作“正义”，把对自己不利的东西叫作“非正义”。这样的人确实不少，正如前文所述（见第 4 章第 2 节），正义归全体人类所有，“正义在我”这样以自我为中心的主张并不能称之为正义。

① 指日本民间童话故事，桃太郎消灭鬼岛上恶鬼。——译者注

■ 正义是我们自己创造的

即使有围绕正义的对立，还是无法得出“正义不存在”的结论。原因在于，正义本身就包括了“来自多方的主张”，进一步说，越是“相互之间存在对立意见”，就越需要正义的存在。正义不是“有”或“无”层面的东西，而是因为我们离不开，所以不得不去创造的东西。

有趣的是，我们经常听到“正义不存在”之类的观点，反而是“正义存在”的主张鲜有人提及。

其实，这是因为我们很少会感到“正义存在”，但常常会感到“正义不存在”。

我想原因可能是：当正义被实现时，它呈现为一种平衡状态——最普通、平常的状态。正义（得以实现的状态）是理所当然的状态，失去正义则会陷入混乱状态。所以，正义得以实现的时候大家感觉不到，而当失去正义的时候，大家就会立即说：“这不对劲！这太不公平了！”

如果用前面（见第 4 章第 3 节）说过的观点表述，正义如同人体健康，当我们健康生活的时候，基本上不会感觉到健康的存在。同理，我们正常生活时也不会觉得“这就是正义”。我们生病了之后才觉得“要是能恢复健康就太幸福啦”。同理，当恶行或者非正义的事情发生之后，我们才觉得“希望正义得到伸张”。

3. 正义的理念与方法

■ 另一种“正义不存在”的观点

或许“正义不存在”派还有另外一种理由，那就是他们发现世界上到处都是非正义的行为，即使他们认为正义不可或缺，可有时候也会说“正义根本不可能实现”。更广泛地说，可以理解为他们拥有超乎常人的伦理感，对现实世界中违背伦理的行为感到愤怒。

这种观点表面上看和“因为正义因人而异，所以正义不存在”之类的观点非常相似，实际上却大相径庭。“因人而异”派有时会容忍现状，但是“不可能实现”派从某种意义上来说更加认真。

■ 理念与方法，目的与手段

说到这里估计有些人已经注意到了，“有没有正义”和“该如何实现正义”是两回事。在这一点上，最好能明确区分。

举一个不知道是否恰当的例子，请大家画一个三角形。画好了吗？请问，你画的真的是三角形吗？请看看其他人画的三角形，自己画的和其他人画得很可能不一样。就算是用直尺画，纸上的图形也多少会有偏差。但是，我们都能理解三角形这个概念，也知道三角形的定义及特点，例如，三角形的内角和等于两个直角和。

同理，在这个世界上，我们对正义的想象，或者不同的人对正义的理解都有些细微的不同。不过，大家都能理解“为了维护社会的秩序而保持平衡”这个关于**正义的概念**。正义是我们应当追求的理念，因此更准确地说应该称之为**“正义的理念”**。

前文所述（见第 4 章第 1 节）的关于正义的理念，基本上能得到所有人的认同。但是，依然有人觉得“正义因人而异”，这是因为每个人对正义的印象不同。我认为这个印象之所以不同，其实就是为实现正义而采用的手段、方法不同。

为“正义不存在”而烦恼的人之所以会绝望，其实并非觉得“正义不存在”，而是“无法找出一个能够被大家公认的手段、方法去实现正义”。然后，当他们绝望到了愤世嫉俗的地步时，就会想“哦，原来正义什么的不过是强者硬塞给大众的东西”。

没错，正义必须实现，为实现正义必须使用手段。这么一想就明白了，认为“胜者即正义”的人本意不是要探究“正义的本质是什么”，而是认为“实现正义的手段是胜利，即强大与实力”吧。

■ 理念唯一，方法多元

不仅仅是关于正义，为了实现某种理念或者目的，相应的方法和手段不可或缺。一般来说目的只有一个，但是实现目的的手段可以有很多个。例如，为了实现“肚子饿了要吃饭”这一目的，既可以去便利店买盒饭，也可以去吃法国大餐。

同样，实现正义的手段也可以有很多个。例如，为了实现正义，该给杀人罪判处什么刑罚，有人说判处有期徒刑 5 年、10 年，还有人说根据情况判处死刑。不同的人意见不同，只能说是为实现罪与罚平衡的手段之争罢了。在后文会提到，该怎样收税也是个正义问题。能实现公平的税率当然最好（这是正义），可是在现实中，到底是该多收消费税，还是该提高个人所得税起征点，这就是个争论点。

再强调一次，大家争论的不是“正义是什么”（正义的理念），而是“怎样才能实现正义”（实现正义的方法）。请大家要彻底区分这两点。敲定“怎样才能实现正义”确实难度不小，但是因此断言“正义不存在”就大错特错了。

■ 阅读本书需要注意的地方

第 4 章、第 5 章都探讨了关于正义的问题，下一章还是会提到正义。或许有人会想，怎么还说这个？

关于本书的阅读，我想有人读得快有人读得慢，快的人请自觉放慢速度，重要的地方一定要一边查证一边阅读。慢的人可千万别投入太多的时间，不然会感到厌倦。我觉得最好还是快点读。不要担心，你觉得有疑问的部分，在后文就会有解释。

这种方法也能用在阅读其他书（看着就觉得很难、很长的书）上，请大家参考。

接下来，还有一些关于正义的知识，大家一起努力学习吧！

第 6 章
正义的种类

1. 矫正正义

■ 正义也分种类

我在第 4 章中提出，通过惩罚犯罪让社会保持平衡就是正义，给出这一定义时参考的是《死亡笔记》。在古希腊时期就有学者（以亚里士多德为代表）指出，正义还存在其他几种模式。

■ 矫正正义与司法

对犯罪加以处罚的这种正义，目的在于通过惩罚犯罪来实现社会平衡。这种模式被称为**矫正正义**。决定这种正义的规则是**法律**，而具体做出判决的是法庭。

我在前文也提到过（见第 4 章第 3 节），重要的是，法律或者法庭是属于社会的机制，所以形成了禁止某个人擅自实施处罚的机制（例如夜神月做过的事情），擅自实施处罚的行为只不过是滥用私刑罢了。

不过，有人会认为："过去曾经出现过受害者私自报仇的事情，不是吗？"例如，日本的江户时代就有"仇讨制度"。可是，那其实不算私刑或者报仇。因为“仇讨制度”只限于武士阶级，并且他们没有“想做或不想做”的选择自由，这是他们必须完成的社会义务。同时禁止对“仇讨”再进行复仇，否则就会陷入“复仇—反复仇—再复仇”的无限循环，社会将永无宁日。“仇讨”本身并非出于个人意愿的行为，而是为了避免个人复仇，也就是说仇讨是社会制度的一部分。

复仇与正义不同

复仇与正义不同，这一点必须明确。

站在受害者一方看来，当然很想报仇。但是，如果那样做就会产生类似“循环复仇”的情况，必然会影响社会稳定。此外，复仇还有可能过度，日剧《半泽直树》不是提到过“人若犯我，加倍奉还”吗？假如出现这种情形，那就太糟糕了。原本在受害者看来，复仇之后或许暂时会扬眉吐气，可是对方也有可能反过来再次报复，那就会乱作一团了。

如果什么都不做，受害者肯定无法忍耐，我们这些社会成员也无法忍受，也会觉得惴惴不安。这个时候，作为代表社会全体立场的法庭，会在衡量罪与罚的程度后做出判决。可是，“罪与罚的平衡”说起来容易，实现起来难度不小。不过，越是这样，这件事就越不能交给个人来做决定。

矫正正义在照顾受害者情感的同时，也要考虑社会的安定这个基本原则。所以，即使对犯罪者实施了惩罚，在受害者看来也很有可能会觉得“这个惩罚太便宜他了”。在这种情况下，既不能彻底无视受害者的情感，也不能只关注受害者个人的情感，否则将难以维持社会秩序。

2. 交换正义

■ 交换正义与经济

“以惩罚抵消罪行”是通过负面对负面达成平衡。与之相对，还存在通过正面对正面维持平衡的模式——这就是交换正义，主要体现在经济领域：

A 先生给了 B 先生一定的利益，B 先生要回馈利益给 A 先生，即常说的交换行为。说起这种场合下的正义，那就是 A 先生给予的利益，必须与 B 先生给予的利益相等，即常说的“等价交换”。唯有形成等价交换，才能达成平衡，这就是所谓的**交换正义**。

由于罪与罚的平衡难以达成，因此我们要借助法庭这种社会机制。同样，在进行交换时，为了促使“给予”和“受取”实现平衡，大家必须使用共同的衡量尺度，也就是货币这种社会机制。到了这个阶段，这已经不再是单纯的物物交换，更确切地说已经变成了买卖行为。换言之，正义不仅涉及法律层面，还涉及**经济**层面。

■ 矫正与交换，司法与经济

罪与罚的平衡由法庭决定，而买卖的平衡（等价性）由谁决定呢？不用说，由市场决定。

在这一点上，虽然都是正义，但是矫正正义和交换正义有不同之处。原因在于，给罪行判罚时，虽然必须依照法律，但是做出判决的是法官个人。所以，即使是相同的罪行，不同的法庭、法官做出的判罚也各不相同。为防止出现失误，日本法律设立了三审制度和国民审查制度，以调整公众和法律专业人士的认知差异，但仍然会有偏差。在科幻小说或漫画当中，有人提出一个有意思的想法，就是将法庭判决全权交给电脑管理（《精神病患者》等作品中有提及），这种方法也有可怕之处。

交换的时候，市场会自行对商品价格的合理性进行调节，所以经济学远比其他社会学学科用到的数学知识多，和法学相比，经济学更像是自然科学。

允许买卖器官吗？

市场自行调节价格，剩下的就是自由交易了吗？事情不是那么简单的。例如，用于器官移植的人体器官，有人提出不要无偿赠予，而是直接买卖。我在课堂上问过学生们这个问题，虽然绝大部分人表示反对，但是仍有少数人表示赞同。他们的理由是“我觉得只要双方同意就好吧”。原来是这样，确实有点道理。“双方同意”当然是必要条件，但不是买卖成立的充分条件。因为，假如器官买卖能成立的话，那么卖淫和人口买卖也能成立了——想想就觉得可怕。

所以，并不是所有的事物都能自由买卖，必须对买卖加以限制，而规定这些限制内容的就是法律。除此之外，例如企业垄断某项交易，几家公司背地里协商后擅自操控价格等，都是可能出现的问题（这就是企业联合垄断）。所以，日本有一个名为“企业公平交易委员会”的政府组织，专门实施市场监管以防出现上述问题。

所以，买卖并非只靠买方和卖方就能成立，说到底还是少不了社会的介入。或者说，买卖使用的货币本身就是社会机制的一部分。

专栏 4：支撑资金流动的伦理之力

我父母是做买卖的，所以我个人很理解金钱的重要性，站在学术的角度上观察金钱，我更觉得别有意味。有些话无法说得太详细，让我们先看看金钱与伦理的一些关系吧。

在商店里，商品与钱的互换流程是：顾客先用钱购买商店的商品，随后商店会使用赚取的钱购入新商品。无数商品就这样在钱的推动下不停流转，同时钱也在不停地流动，所以“钱是天下流通之物”，此言不虚。

然而，要让金钱流动，就必须有人愿意接受它。那么，为什么人们愿意接受金钱呢？这是因为他们相信，别人也会接受这笔钱。也就是说，要让金钱流动，要让金钱在整个社会中流动，金钱就必须具有“信用”这种伦理之力。如果做不到这一点，钞票只不过是一张废纸。

事实上，当这种伦理之力消失（信用崩溃）时，钱真的会变成废纸，没人愿意接受现金。这就是我们常说的“恶性通货膨胀”状态，也是经济学家最担心会出现的状态。

“世界靠金钱运转，金钱推着世界前行”或许是真理，但是一想到整个世界仅靠金钱运转，感觉像是在做白日梦一样。其实，金钱如果没有伦理作为支柱，是无法成为真正的金钱的。

3. 分配正义

分配正义与政治

矫正正义与交换正义虽然存在不同之处，但是二者在社会层面上关系到两方的利害，矫正正义关联的是加害方与受害者，交换正义关联的是卖方和买方。不过，两者的基本形态都属于社会中的双方关系。

与这两种不同的是第三类，被称作**分配正义**。简而言之，分配正义指的是如何给大家分配物资，涉及的不是双方关系，而是社会整体与个人的关系。而且，分配正义并非双方利害互相制约，基本上是单方面施加影响。

最具代表性的就是国家预算分配，换个好理解的说法就是税金。或许有人会反驳说："税金不是上缴的吗？怎么进行分配呢？"被分配的东西未必都是"好东西"，一些令人讨厌的东西也要由社会来进行分配。税金是社会整体不可或缺的东西，通过社会机制分配给大家共同承担，虽说这是负分配，但也是实打实的分配。

总之，如果管理矫正正义的是司法，管理交换正义的是经济，管理分配正义的则是**政治**。至此，大家就能够理解，三类正义各自对应社会中的三个重要机制。

两种分配方法

交换正义通过等价交换来实现平衡，矫正正义通过对罪行的惩罚实现平衡，分配正义该如何实现平衡呢？

分配正义既然也是正义，那就必须追求某种平衡。事实上，有两种完全不同的方式来实现平衡，一种是“因人而异”，另一种是“全员平均”。

亚里士多德很早就发现了这个问题，有个名叫普鲁塔克的人请教他之后，以宴会为例进行了解说。大家聚在一起吃饭，到底是吃火锅，还是怀石料理，再或者是法国套餐呢？如果吃套餐的话，吃的东西是“每个人定量”的，也就是说大家完全一样。可是，人群里有大个子也有小个子，有饭量大的人也有饭量小的人。既然如此，去吃火锅或者大盘菜的话，每个人可以根据自己的食量各取所需。

两种分配方法的选择

这两种方法到底孰优孰劣呢？不用说，根据情况做出选择比较好。再强调一次，我们要做的是实现平衡，而实现平衡的方法不止一个（见第 5 章第 3 节），所以必须根据具体情况决定选择哪种方法。

全员进行相同的分配而实现的平衡，也就是平时说的**平等**，这确实很好理解。与此相反，根据每个人的情况拉开分配差距实现的平衡，可以说是种不平等。可即使这样，也能说“实现了平衡”，原因在于某些时候拉开差距是有理由的（如果没有理由，就成了“无差别歧视”）。

例如税金（所得税），缴纳的金额因人而异，这就是“拉开差距”的分配行为，这样做才公平。理由就是，每个人的收入本身有多有少，存在着差距。相反，如果采取一律平均收税方式的话，估计绝大多数人会直接破产。

表 1　三类正义

正义	矫正正义	司法	罪与罚
	分配正义	政治	税金等
	交换正义	经济	交易

4. 正义分类的意义

■ 正义分成三类

正如第 4 章所述，“何为正义”“正义的本质”其实说的是一件事，那就是“在社会层面中找到、保持、恢复平衡”。

在本章可以看到，正义分成三类。当然，由于正义本身是统一的，因此这三类都体现了其本质，即“实现平衡”。矫正正义的本质是实现罪与罚的平衡，交换正义的本质是实现给予与接受之间的平衡，而分配正义的本质是实现分配的平衡。

■ 三类正义的决定方法不同

正义是社会层面的概念，前一节提到过，根据这三类正义，对应的社会机制也分成了三种。矫正正义对应的是司法，分配正义对应的是政治，交换正义对应的是经济。三者的不同之处在于，为了实现各自的正义，实现平衡的具体决策方式不同。

交换正义的平衡在市场中自动达成，所以平时大家很难意识到它的存在。矫正正义的平衡主要体现在以公检法的专家们为中心做出判决，这是因为法律条文数量庞杂，专家的助力不可或缺。现在的日本也实行了陪审员制度，普通市民也会参与进来，但是我个人还是觉得有些遥远。那么分配正义呢？没错，它是国会议员根据少数服从多数的原则决定的。这也让人觉得与日常生活无关。

无论是哪种正义，都和我们的生活息息相关（同学们现在或许很难意识到，但进入社会以后，肯定会遇到纳税方式之类的问题），但是大家可能会觉得这些事情“好像在很遥远的地方被随意决定了”。而且，这些决定都是由掌握权力的人或专家做出的。即使是少数服从多数，说到底正义还是由实力决定的啊……

除了那些声称“正义什么的太遥远了，感觉不到它的存在”的人之外，令人意外的是声称“我很讨厌正义”的人也不在少数。不过，我觉得那些人讨厌的并非正义本身，而是觉得“正义离不开权力，这背离了我们的初衷”。越是声称“讨厌正义”的人，越是认真看待正义，且比常人更渴求正义（见第 5 章第 3 节）。

但是，只是抱怨也无济于事，国会议员是我们自己选的、代表我们诉求的人。法官或者司法专家们如果没有我们的支持，也无法擅自做出判决。经济层面也一样，与其因为“感觉到处是欺诈、不法、不公平的行为”而满腔愤懑，然后钻牛角尖说“讨厌正义”，还不如自己亲自动手，努力去改变社会不合理的运行方式，将社会恢复到能保持平衡的状态。如果不那样做，政治家或者专家们有可能会为所欲为，把我们的社会带上邪路，导致社会平衡无法维持。没错，说到底正义是靠我们自己的努力创造出来的（见第 5 章第 2 节），而不是“正义的伙伴”会突然出现并赐予我们的东西。

正义分类的意义

在前面，我们一起分辨过正义和看似正义（其实和正义没什么关系）的表象（见第 5 章）。接下来，我们对正义进行了分类（见第 6 章）。虽然我们好像一直在不停地分类，但是不分类的话，这些概念就会乱成一锅粥。就算我们想实现正义，不做好分类也无法把想法落实到位。分类可不是闹着玩儿的事情。

为了说明这一点，请大家重新考虑一下序章的问题 1。建筑公司的人跑到都道府县的知事那里恳求说：“请把本次工程承包给我们公司吧，我们会给您 1 亿日元的酬金。”身为知事的你该怎么办呢?

当然，这笔钱肯定是不能拿的，可是要给出理由。

序章里也提到过，我在上课时问学生这个问题，大多数学生的回答是“收受贿赂违法”。贿赂的确不对，那么为何贿赂是“恶行”呢?

问到这里，大家就开始拿不定主意了，最后，小柳同学提出了一个绝妙的想法："既然能收到 1 亿日元，那就给出等价回馈好了。我认为，在这种情况下，把订单交给建筑公司就是实现了交换正义！"

说话的时候，小柳同学的表情满是"我明白啦"的喜悦，不过转瞬间，小柳同学对我露出了恶魔般的微笑。

相信很多人也明白，知事发布工程订单，用的经费是都道府县的预算，那涉及的正义并非和某个公司之间的交换正义，而是分配正义才对吧？而且预算资金也不是知事自己的东西，原本就是民众缴纳的税金。还有，可选择的建筑公司也不止行贿公司一家，还有很多公司。假如接受了贿赂，并把订单交给该公司，那就构成了对特定企业的偏袒。反过来看，这会损害民众和其他建筑公司的利益。所以，虽然表面上看是贿赂（公司→知事）与订单（知事→公司）的交换正义，但其实这种行为违反了分配正义，是不公平的，所以属于"恶行"。

至此大家应该明白了，不给正义分类，就无法判断正义与非正义的行为。

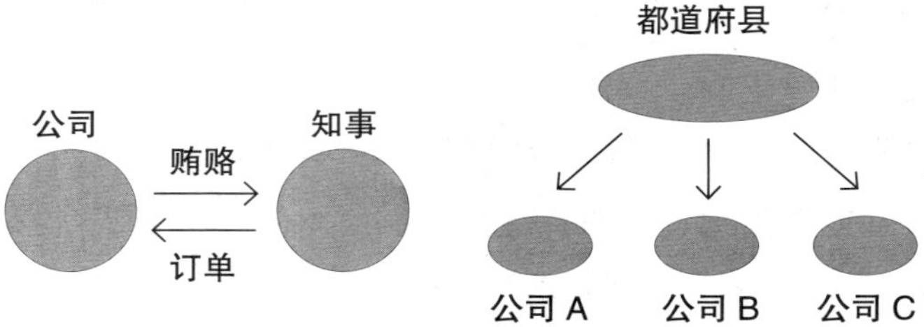

图 1　交换与分配

第 7 章
个人与社会

1. 正义为何重要

■ 正义为何不可或缺

至此，大家已经知晓了正义的本质，那么为何正义不可或缺呢？可以认为，"'正确'的选择必定有它的理由"。"正确"与"错误"二选一的话，肯定要选择"正确"选项，就是这么简单。

仅仅这样估计大家也无法理解，接下来让我们展开说说。

■ 没有正义就会觉得"这不公平！"

正义（平衡）不可或缺的原因在于，如果无法达成平衡，就会让人觉得"这不公平！"。

例如，用廉价的外国产牛肉冒充日本产和牛销售，损害了消费者的利益。这不公平！这种做法可不是等价交换，如果缺乏正义，在一方得利的同时，另一方就会遭受损失。

这是交换正义的例子，那么在分配正义的情况下又会怎样呢？例如，在考试打分的时候，A 同学与 B 同学答案相同，可 A 同学得了 10 分，B 同学却只得了 5 分。这也不公平！为什么？

A 同学受益，B 同学的利益却受到了损害。

由此可见，如果正义得不到维护，总会有人遭受损失和伤害。所以才会觉得“不公平！”。没错，所以才会觉得“不公平！”。

也就是说，这种“不公平”的感觉并非毫无来由，而是有明确原因的。如果没有正义，就只剩下“太过分了！”。

同理，在矫正正义的场景下，已经发生的犯罪行为早就不是“不公平”这个层次了，而是有一方已经遭受了实打实的损失。如果放任不理，受害者只能打落牙齿吞下肚，遇到这种情况，我们都会觉得“太过分了”。

所以，如果正义缺失的话，必然有人成为受害者，甚至冤屈一直无法得以伸张。要是真到了那种程度，社会就会乱作一团。

届时，受害者中很有可能会出现想要报复的人。而且，假如干尽坏事却不会受到惩罚的话，那么故意伤害别人的人就会越来越多。反过来，也会出现不想伤人却给别人造成伤害（过失致伤）之后，无论怎样道歉都得不到谅解，最后遭受凶狠报复的情况。

处在这种环境之下，谁也无法放心过日子。所以，正义不可或缺。

正义与权利

没有正义就会出现受害者，这种不幸多次反复就会波及整个社会。所以，正义不可或缺。

当某些东西遭到损失或者遭到侵害时，我们会说“这种行为违背了正义”。这里说的“某些东西”到底是什么呢？其实就是我们的**权利**。换言之，正义在保卫我们的权利时不可或缺。假如我们“出去买东西，给了钱却发现货不对版”，那就意味着我们对该物品的权利，也就是所有权受到了侵害。公害导致空气污染日渐扩大，意味着我们的生存权受到了威胁。当权利遭受损害，也就催生了要求对损害做出赔偿的求偿权。

当我们拥有权利的时候，也就意味着我们对他人肩负着义务。“权利与义务相伴相生”，这句话的意思往往被误解成“我在拥有权利的同时，也将肩负起**义务**”，但严格来说，这么说并不全面。这句话应该理解为我的权利与他人的义务相互对应，同时，他人的权利与我的义务相互对应，这就形成了“互为表里”，也就是前文（见第 2 章第 5 节）提到的**相互性**。换言之，通过相互性原理，依靠相互对应的义务，每个人的权利得以受到保护。

通过这种方式，我们每个人的权利（与义务）都受到了保护。从社会层面去守护这种权利，拥有维护平衡的力量，这就是正义。

伦理学小道 4

权利、正义、法

所谓权利，是从欧语系翻译过来的词汇，英语叫作“right”，德语叫作“Recht”，拉丁语叫作“jus”，法语叫作“droit”。这些词语中均带有与“正义”或“法律”相关的含义。

拉丁语中的“正义”是“iudicium”，而“权利、法”则是“jus”，二者之间有着语源上的联系。德语单词“Recht”囊括了“法、权利、正义”的含义，Recht主要指的是“法”。为了区别“法”和“权利”两种概念，在表述“法”的时候采用了“客观性Recht”这一构词，而在表述个人“权利”则采用“主体性Recht”构词。受到多种语言的影响而催生出来的英语，在这个词的关联性上可以说难以理解，“right”的意思虽然是“权利”，而形容词变形的意思是“正确”。

当然，语源本身算不上最重要的事情，不过可以让大家提前领略一下权利与正义的关联性。《死亡笔记》的主角夜神月的名字就是“right（ライト）”。（意外吧！）

陌生人之间不得互相伤害

社会就是人与人的集合，而且这个集合不是周边关系人群的集合（当然，或多或少包括交往过的人），基本上是由不熟悉的人组成的群体。而且，这个群体里的人各具特色。其中，有些人以后会发展成至亲好友，当然，也许有些人会令你敬而远之。

假如在社会中大家都是好朋友，或许正义就派不上用场了。但是，真不知道是幸运还是不幸，社会不是这样的。在和陌生人一同生活的过程中，和大家都成为好朋友肯定是不现实的。但是，即使做不到“和睦相处”，至少相互之间能认同彼此的不同点，做到最低限度的互不伤害，这一点是很重要的。而每个人应受保障的东西，我们称之为“权利”；守护这些权利的行为，我们称之为“正义”。

伦理学小道 5

正义随时代变迁而变化——权利扩张的历史

关于伦理或者正义，在大家经常会提到的印象当中，占据很大比例的一句话是“正义随时代的变迁而变化”。关于这一点，此处就可以做个初步的说明。

正如大家前文所学，简而言之，正义就是“实现平衡”（见第 4 章第 1 节），这一点可以说是亘古不变的。所谓正义，作为一种理念，原本是不容改变的概念。但是，为实现正义可以采取多种多样的方法或手段（见第 5 章第 3 节）。奇怪吧？换句话说，“何为正义”不变，但“如何实现正义”因时、因地、因人而异。

还有一个理由也会令人觉得“正义随时代变化”，即与正义关系最亲密的就是权利，而权利的范围受时代的影响发生了巨大的变化。

古代曾经有过奴隶制时代，这是个令人难以接受的事实。但是，在那个时代就有了关于正义与权利的探讨（至少是对正义之源的探讨）。那个时候和今天不同，据说只有自由民拥有权利，而奴隶没有权利。所谓奴隶，就是“会说话的家畜”，并不被认为是拥有权利的人，而被当作物品对待，是主人的所有物，可以被买卖。然而到了近代，“只要是人，不论身处何种地位都应该拥有权利”的思想蔚然成风，权利拥有者的范围急剧扩大。

同样，在不久以前女性没有权利，就算有也是极其有限的权利。但是到了20世纪下半叶，为女性争取权利的运动此起彼伏。还有儿童，以前的儿童被当作父母的附属物（至今还有人抱着这种想法）。今天，“儿童也拥有一定的权利”这一观念已经得到公认。

权利拥有者的范围逐步扩展，意味着正义所适用的范围也在扩张。例如，在过去，主人虐待、杀害奴隶不算违反正义，因为正义不会涉及奴隶。然而，到了今天，所有人都在正义管辖的范围之内。

权利拥有者的范围，也就是正义适用的范围日渐扩张，因此虽然“正义”的本质未发生变化，但是大家会觉得“正义随时代而变化”。

2. 将正义落实到“我”身上

正义和“我”

到此为止，我们一直都在考虑正义本身，这绝对是社会最重要的原理。不过，说句真心话，对个体而言，“社会”的概念过于抽象，而高喊“正义在我”的人往往最可疑——这是我们的切身体会。

其实，我们在日常生活中除了买卖东西会涉及交换正义之外，往往感觉不到正义的存在。只要我们既不当法官，也不当政治家，既不用给庭审做出判决，也不用制定预算，就基本上和矫正正义或者分配正义没有直接关系。

选举时投票给重视公平分配的候选人，还有在众议院选举时被抽中去最高人民法院听取首席法官接受国民听证，这些时候人们才会和正义出现小小的交集，可是也仅限于此（看上去是这样）。

正义与义务

可是，事实并非如此。例如，我在学校上课最讨厌的事情就是给试卷打分。这可以看作分配正义的一个例子。

在一众学生面前，我拥有着讲师这一社会地位，但不能胡乱给考生试卷打分，必须给出大家都能接受的分数。不对，或许那些不及格的同学怎么都不会接受考试结果，对此我不得不向他们解释，只要解释得理直气壮，不及格的同学也只能接受事实。

考生如果觉得“分数不合理”，就有质问“为何不及格”的权利。然后，作为打分者的我必须承担起回应他人质问的义务。

■ 个人自由

从这一点来看，“正义”直接与我们每个人挂钩的场景确实不多，但是正义是为了保护个人权利的，所以和我们每个人都有关系。或许话题一旦以正义为切入点，就会自带些许沉重感，权利与义务也一样。这是因为，权利与义务确实是属于个人层面的东西，都属于个人的范畴，而正义是社会层面的东西，站在社会的角度考虑个人就会令人感到沉重。在此，我们可以尝试着从个人角度开始思考。

这个时候会有哪些关键词呢？

正如前文所述，“个”这个字意味着从其他关系中切割分离出来（见第 3 章第 1 节）。同时，与其他关系切割分离，意味着从其他关系中获得了自由。既然这么说，我们可以认为，所谓个人的基本伦理就是“自由”吗？

■ 自由是什么？

不过，“自由是什么”这个问题，和“正义是什么”一样，回答起来很难吗？说对了，我们已经对正义有了很大程度的了解，按照顺序考虑的话，也该对自由进行某种程度的探求了。例如，在探求正义的时候，做的第一步就是去除无关的印象，关于自由也可以做相同的尝试。根据听到自由最先会想到的东西，先列举出所有的印象，然后研判该从中去除哪些多余的东西，剩下的就是最重要的部分。

分析“正义”的时候我们列举了一大堆印象，但是“自由”不一样，大家能列举的印象极为有限。一听到“自由”两个字，我们脑海中浮现出来的印象高度一致——能做自己想做的事情。

但这种共识是否意味着正确？“自由”真的仅仅是这样吗？还有其他可能吗？

这就是我们接下来的课题。

第 3 篇

个人伦理：自由

第8章
两种自由

1. 消极自由

■ 自由与限制

要是说“好啊，想干什么都行”的话，我也会觉得：“真自由啊！”当被**限制**“禁止做什么”的时候，我肯定会想：“一点都不自由！”

如果刚才的话成立，所谓自由就是“能做自己想做的事情”吗？这里产生了一个疑问，正如我刚才反复问大家的问题，看上去单一的概念，其实里面往往掺杂着许多不同的要素。在“能做自己想做的事情”这句话里，很有可能混杂着许多必须澄清的东西。“能做自己想做的事情”这句话，可以分成“（能做）自己想做的事情”和“什么都（能做）”两个部分。

分解之后我们再考虑一下，真的“什么都能做”吗？如果真的“什么都能做”的话，“杀人自由”“偷窃自由”很可能也会成立。所以，把自由说成“能做自己想做的事情”，还是不太严谨。

事实如此，“自由”这个词乍看之下似乎意味着“不受限制”，但要是真的“不受限制”，那就连“故意伤人”也能成立。

而且，如果大家都要求拥有“故意伤人的自由”，那么依照相互性原理（见第 2 章第 5 节），“别人有伤害我的自由”也能成立。原本思考的是“自由”，不知不觉间却成了“自己可能遭受他人攻击”——这下可麻烦了！

■ “不受限自由”的陷阱

“做什么都是自由的”这个说法，也就是没有限制的自由，确实给人一种很自由的感觉。漫画或者电影也经常描绘这样的场景（某个特殊现象导致人类大量灭亡后的世界，或者核大战之后的废土世界），想象一个彻底失去法律、道德、规则的世界，观众确实会有一种“极度自由”的错觉。

“只有自己拥有不受限的自由，别人却没有这种自由”，对自己来说可能很方便，但是这么理想的事情肯定是不存在的。在自己拥有不受限的自由的同时，别人同样拥有不受限的自由，其中也包括“伤人自由”……

有位名叫托马斯·霍布斯的哲学家把这种状态称作“万人对万人的战争”，这种惨状比武力战争更胜一筹。原因在于，在普通的战争中至少还存在同伴或者伙伴，当所有人都平等地拥有了不受限的自由时，那就要考虑一个己方不存在的世界了。换言之，本该是大家最想要的“自由”，却让大家陷入了每天都要担惊受怕随时可能成为他人猎物的悲惨状态。

结果，追求不受限自由的结局是，大家都失去了自由。所以，大家或许会很意外，为了保证获得某种自由，必须实施某种限制。

在印象中，大家会觉得“自由与限制是正反两面”。可是，按前文的思路来看，其实为保证相互之间的自由能成立，必须实施相应的限制。不过，其中“不得伤害他人”是最基本的要求，是受限内容的底线。

就算说到这个份上，说不定还有人会抬杠：“不！有限制就不是自由！”但是，我要再问他们一次：“你们是否认可‘杀人自由’‘强盗自由’的存在？连这些也算‘自由’的话，那这样的‘自由’又有什么意义呢？”

自由必须受限的原因

只要有“不得伤害他人”这条限制，自身的自由就能获得认同，那就不用担心被别人攻击了。话虽如此，这种关于“自由”的想法在积极性上有所欠缺。但是，“不被别人攻击、不被逼着做不愿意做的事情”，这些限制才保证了最低限度自由的成立。

而且，只有具备了以上条件，对于正义的认识才能顺利进行。“伤人权利”之类的东西根本不存在，真正存在的是“不伤害他人的义务”，只有这个义务成立，自己和他人之间才会对“不伤害他人的权利”达成共识。虽然拥有权利的是个人，但是有社会相互性这个基本原则在，相互之间就会承认对方的权利。

我们此前确认的“权利”，本质上就是自由的具象化；反之，“不伤害他人的义务”，便是限制。这意味着大家互相认可对方的权利，与此同时，也互相认可自己对对方的义务。在这些前提之下，作为个人的自己所拥有的自由领域（自己的权利）就能得到保障。在这个构架之下，正如权利与义务相伴相生一样，自由与限制也相伴相生。

■ 愚行权

虽说自由包含限制，但是这种限制仅限于危害他人的行为（即无危害原则）。所以，只要不波及他人的范围，也就是说在我自己的领域之内，即私人领域范围内，我有权利做自己想做的事情。

在此，有个比较奇怪的单词，叫作“**愚行权**”（这是约翰·穆勒发明的词语）。即使在他人看来“愚蠢透顶”的行为，只要不会危害别人，那就属于个人有权行使的行为。例如，“我一年要看 2000 本漫画书”的宣言之类的。傻归傻，这属于我的愚行权范畴，别人无权干涉。

说到这里，突然想起有同学在调查问卷里这样写道：“我这个月在玩游戏上花了 5 万日元，被朋友 好一顿嘲笑。现在听说这是我的权利，好开心啊！”虽说如此，还是节制点吧。

■ 义务的范围

我一个人决定午饭吃什么当然没问题，是吃咖喱饭还是吃盐烧鲭鱼套餐都可以，想吃什么肯定是我作为个人的自由。

但是，例如在公司里，作为课长的我和部下美纪独处的时候，就因为人家很漂亮，我就直接问："美纪真可爱呀，身材真棒啊，三围是多少？"那绝对是性骚扰，会被认定是在侵犯对方的权利。

在自己的房间里到处乱扔垃圾，这是自己的自由，前提是不会给别人造成影响，也不会侵犯到别人的权利。但是，往路边扔垃圾的话，会给很多人造成困扰，形成对多数人的权利侵害。所以，不做那些事是"我"必须承担的义务。

由此可见，义务的边界取决于涉及的人群范围。所以，当决定自己要做什么事情之前，一定要考虑清楚这个行为会波及多大范围的人群。其中，界定哪些义务会涉及全体人员的力量，就是社会正义。结果，越是社会地位高（拥有权力）的人，越是给更多的人带来影响，这些人需要承担的义务也就越多（见伦理学小道 1）。

所以，政治家或者法官这类人责任重大。要是到了首相级别，那义务估计会沉重到我们无法想象的程度吧——反正我绝对不想当首相。首相作为日本最有权力的人，当然必须受到最严格的限制，这就是宪法存在的意义。宪法的作用是保护国民权利，给有权力的人赋予义务上的限制。

■　消极自由

至此，总结前文，"我是自由的"意味着"我有做某事的权利"，同时也意味着"我对他人负有某种义务"。由于这种关系是相互的，所以“他人也拥有某种权利”并且“对我负有某种义务”。通过这种方式，我的权利和对他人的义务相伴相生。为了遵守这个义务，我的自由会受到限制，这也是为了维护我的权利，即我的自由。这就是最低限度自由，这种自由也被称为**消极自由**。

其中，社会权利在一定情况下会对个人造成压迫，所以必须保护个人、对抗压力，这就是穆勒在著名的《论自由》中的基本主张，也是消极自由的本源。

既然有消极自由这个说法，那么也应该有“积极自由”这个说法。那么，“积极自由”又是怎么回事呢？这就是我们要谈的下一个课题。

2. 积极自由

■ 积极自由

接下来如果直接讨论“积极自由”的话，大家或许一时间会满头雾水吧，所以，让我们一步一步打开思路。

前面提到，“个”的意思是与其他人断开关系。把这个概念一直延伸到“消极自由”上，也就是说，消极自由指的是“与他人、社会断开关系后获得的自由”。这可不是我信口开河，把这个概念发扬光大的是个叫作以赛亚·伯林的人。

既然消极自由的核心是“免于……的自由”，那么与之对应的积极自由又是什么呢？如果消极自由是“脱离束缚的自由”，那么积极自由则可能是“朝向某物的自由”。但若简单定义为“向他者奔赴的自由”，又会与消极自由强调的“最小限度干涉”产生矛盾。事实上，伯林正是因此对**积极自由**持批判态度——既然如此，我们不妨自己重新思考。

如果“奔赴的目标”不是“他人”，那还能是什么？没错，是“自我”，换言之，积极自由不就是“面向自我的自由”吗？

■ 从《死亡笔记》到《爆漫王》

话虽这么说，可“面向自我的自由”到底是什么意思呢？而且这个“面向自我”又指的是什么？

若将“免于……”视为起点，那么“朝向……”便是目的地。若将“自我”视为目的地，那么积极自由便是“以自我为方向的自由”。

在《死亡笔记》中可以看到，主角的周边关系基本上被剥离得干干净净。创作了《死亡笔记》的大场鸫和小畑健这对搭档，也创作了《爆漫王》。在《爆漫王》里，有抱着成为漫画家的理想、一路突飞猛进的主角们，以及抱着同样的梦想也在突飞猛进的同班女同学。

向着自我的梦想前进？没错，这就是通往积极自由的道路。

■ 关于“自我”

为何需要“面向自我的自由”这个奇怪的概念？请仔细想一下，“自我”本来就很难被定义。甚至连“探寻自我”都成了一种流行趋势。“自我”似乎不主动寻找就无法显现。

当然，虽然说是“探寻自我”，可是感觉所谓的“寻找自我”并非指去某个遥远的地方搜寻（否则就会陷入“那个正在寻找的‘你’又是谁?”的悖论）。但可以确定的是，“自我”并非与生俱来的。因为我们刚出生的时候根本没有所谓的“自我”。父母或者身边的大人们和我们说话，或者教我们做事，一点一点地催生了我们的“自我”。接着，虽然每个人成熟的时间不一样，但是迟早会“懂事”。接着就到了离开父母的时期，也就是大家常说的“叛逆期”，“自我”就这样一步一步诞生了。

■ 自律

但故事并未结束。即便形成了“自我”，那也只是“自己”的雏形。只靠雏形的话，勉强生存应该没问题，可是只能算作“自立”，这还远远不够。为什么呢？因为自立只能保证“活着”，未必能达到“好生活”这个程度。“好生活”这个说法源自苏格拉底提出的“理解什么是好生活”，基于伦理学的观点请参考前面提到的部分（见第 1 章第 1 节、附录第 I 章第 2 节）。虽说都是“好生活”，但也分成几个层面。关于“社会层面的好生活”，我们已经探讨过了；关于“周边关系层面的好生活”，我们后面再探讨。那么现在该讨论什么问题呢？当然是“在个人层面中，自己该怎样实现好生活”。

“社会层面的好生活”和“周边关系层面的好生活”不是我们自己能决定的，而是由我们与他人的关系决定的。但是，“自己过好生活”，完全是我们自己的事情。而且，这绝不是命中注定的事情。既然不是命中注定，那该怎么办？只能靠自己决定了——这就是**自律**①，也是积极自由的核心。

消极自由是“免于他者干涉的自由”，能确保个人权利不受干涉，但是只有消极自由的“自我”不免缺乏内涵。积极自由则不同，它是“面向自我的自由”。积极自由中的“自我”不受他人的左右，全凭自身的意志决定，积极进取是它的核心。

自律与自由

“自立”与“自律”看着很像，其实是两码事，不少人弄混了二者的含义。不过，要想弄清二者的不同之处，就要仔细分析一下它们的反义词。自立的反义词是依存，自立的定义是“自己独立活下去”，不需要依靠（依存）他人。当然，能自立肯定是好事，但是自立的含义也仅限于此。“自律”的定义是“自我约束”，也就是说，不听从他人的决定（他律），自己对自己设定法则来约束自身。

① 伦理学上与“他律”相对。指不受外界干涉，不依赖自我欲望和他人要求，通过自己的理性、良心，为追求道德本身的目的而制定的伦理原则。——译者注

“真正的自己”

“自我”会在不知不觉间突然降临，“自己”却不是突然诞生的。连小孩子都知道“自我”的存在，但是小孩子未必知道“自己”这个概念。

小孩子有“自我”意识，所以能感觉到疼痛、难受、欢乐，有想做这个、想做那个的念头。但是，也仅此而已。小孩子只能感受到不同的情况，但无法断定“自己”的存在。因为，这只能算是被周围的人呼来喝去。当然，小孩子也会遇到各种各样的烦恼，感到痛苦的存在，虽然他们有“自我”，但是还没有树立起“自主”意识。

自律或者“积极自由”是什么？简而言之就是“决定自己的人生该做什么”。不过，请觉得“这不是废话吗”的同学注意，必须区分开“决定自己想做的事情”和“做自己想做的事情”。从表面上看，“做想做的事情”似乎就是自由，但是，这只不过是“心态上的自由”，还没有达到伦理学中“自律”的程度。只是“做自己想做的事情”，说到底，还不能说已经树立起“自主”意识。

表 2　两种自由

个人	积极自由	自主面向的自由	自律、自主决定
	消极自由	来自他方的自由	隐私、愚行权

要证明“这就是我自己”，就必须保持你的一贯性。当然，

想过怎样的生活是我们每个人的自由，做出决定的人是我们自己。但是，人不能靠心血来潮的愿望活一辈子，必须给自己制定一个毕生追求的目标，类似“我想按这个方式活着，至死不渝”之类的原则，这才是**自律**。只有实现这一步，我们才能真正步入属于自己的人生。

在漫画《银魂》里，有这样一句话：“自由不是放肆，而是活在自我准则之中。”这就是自律，也就是积极自由。

能够做到自律的才是成年人，当然，这与年龄无关，或许有的人不到弱冠之年就能自律，而有的人到了知天命之年都无法当个“成年人”。此外，即使觉得“我很自律”，也难免会常常陷入迷茫。这样看来，要达到自律，也就是积极自由这种境界，真是难上加难。

第 9 章
自律与幸福

1. 亚里士多德的幸福论

■ 为何自我限制不可或缺

细想一下，从字面上看“自律”的意思是“自我限制”，这确实是某种意义上的限制。那么，为什么要特意进行自我限制呢？

第一个理由如前文所述，目的是通过这种方式实现“自我”。没有自律，“自我”就会像史莱姆[①]一样无法定型、模糊不清。

第二个理由（与第一个理由具有关联性）是，从个人层面来看，人类本身就是有限的存在。

关于这一点，课堂上大家各抒己见，其中有些观点很有意思。给我留下深刻印象的是山田君的观点，他上课时一直坐在最前排，学习热情最饱满。因为他有自己的目标，而且极为远大——“尽最大限度满足自己的欲望”。但是，“这也想做，那也想做”，欲望越多就越需要掌握更多的知识、能力与技术。

① 游戏中的软泥怪。——译者注

所以，为了吸收更多的知识，他才会选择坐在教室的最前排。

这个想法很有趣，尤其是“尽最大限度满足自己的欲望”确实是很经典的想法。到底是年轻人啊，有这样的念头很合我的心意。我作为上了年纪的老人家虽然很想为他加油喝彩，但同时也会觉得想满足“一切欲望”并不现实，因为我们的生命是有限的。

决定优先顺序

例如，我小时候喜欢读书，到了中学时代更是恨不得把学校图书馆里所有的书都啃一遍。但是，说实话，并不是所有的书都能引人入胜，所以我早就放弃了。中学时代真正读过多少书，估计自己也不好意思提及吧。说到底，我读书的速度远不及自己想象的那么快。

说实话，对于我们来说，不仅时间有限，自身能力也有限。毕竟，一心不能二用。所以，在有限的时间里，必须先决定事情的优先顺序再逐项完成。我们只能基于现实条件，最大限度实现自己想做的事情。如果说这是限制，确实也没错，绝对不是我在泼冷水。但与其说这些是限制，不如说是自我约束和整理，如果能做好这一步，自己想做的事情也就离实现更近了一步。说到底，我们总是计划得很美好，实践的时候就未必能合理行动了。

幸福

到底想做什么，想获得什么结果，其中最深层的意义我们只能泛泛地称之为“幸福”。

我们从正义谈起，从中推导出与社会层面的正义相生相伴的是消极自由。但是，这两者说到底都是消极的。正义当然很重要，但是仅凭正义无法实现“好生活”，因为它只能防止我们受到外界的伤害。这种消极自由确实非常重要，但是，只凭这些就说我们实现了“好生活”确实令人怀疑。这些都是保证我们实现“好生活”的必要条件，但不能说是充分条件。被我们称作“幸福”的东西，才是实现“好生活”的充分条件。

■ 亚里士多德的幸福论

古希腊的伦理学大咖亚里士多德（见附录第Ⅰ章第2节、附录第Ⅳ章第2节）认为“幸福是最高层次的善”。亚里士多德遇到苏格拉底提出的问题，探讨“好生活”的意义时，特别注重“好”的含义，追问“善是什么”。他给出的答案是：“善是所有人追求的目标。”目标也可以理解为目的，换言之，“善就是目的”。

但是，目的其实有两层意思，一个是“暂时目的”。例如，我问大家：“为什么要选这个课程？”上野同学回答：“为了拿学分。”这说得过去，但是我还可以继续追问：“为什么要拿学分？”“这个嘛，是为了毕业啊。”没错，按这个说法，“拿学分”只能算是暂时目的，实则是实现“毕业”这个更高目的的手段。

而“真正的目的”则是无法再追问“为了什么”的终极目的，亚里士多德认为这一终极目的就是“幸福”。

金钱、名誉、快乐

亚里士多德是以大众普遍观念（见附录第Ⅲ章）为基础进行哲学探讨的开山鼻祖。那么，在他看来对于世人来说“美好”的东西有哪些呢？亚里士多德列举了三样，首先是金钱，其次是名誉，最后是快乐。

快乐，换言之就是心情愉悦。快乐确实像大家梦寐以求的美好事物。但是，仔细一想，动物也能追求快乐啊，所以快乐不能算人类的善行，这就是亚里士多德的观点。

名誉，也就是被世人推崇，获得大家的敬爱。被人推崇的感觉很不错，但是，仔细一想，想要获得推崇，必须能取悦于人。这么一来，就要顺从世人的喜好。但是，人们的喜好阴晴不定，把好名声保持下去的难度极大。所以，为了追求名誉，最终会失去自我。

金钱呢？这个更不行。原因在于，我可以一直追问“为何要获取金钱”，有钱就能买到一切吗？这样问下去，就知道金钱不是目的，而是手段。通过以上讨论得出的结论是善，也就是幸福，是最终目的。我们可以追问“为什么要获取金钱”，但追问“为什么要追求幸福”就没有意义了。很多以金钱为代表的目的，说到底都是“暂时目的”，与其说是目的不如说是手段，最终都会回到“幸福”本身。为什么要拿学分？有了学分就能毕业，能毕业就有机会去好公司就职，拿到高工资……为了什么呢？没错，为了获得幸福。

幸福是什么？

先到此为止吧？不，问题才刚刚开始，接下来，我们必须弄清楚“幸福是什么”。

亚里士多德已经给出了他的想法，里面有些非常重要的观点现在还饱受质疑。令人遗憾的是，亚里士多德认为“幸福”只不过是一种思想观念，也就是说，这只代表亚里士多德个人的价值观。但是，说句实话，他的观点过于阳春白雪，因为他居然认为“无上的幸福就是做学问”。

亚里士多德认为，在高度智慧的加持之下，人与动物才有了区别，由此可知，人类最高层次的道德就是智慧。所以，能够运用智慧是人类最大的幸福；再进一步说，所谓运用智慧，就是做学问；最终结论是，对于人类来说，无上的幸福就是做学问。

脱离亚里士多德

我个人对亚里士多德的观点颇有“惺惺相惜”的感觉，因为我自己就是靠做学问混饭吃的，但同时我也觉得这有点夸张。

我觉得亚里士多德很聪明，能把做学问当成一件幸福的事，但我只不过是个靠学问吃饭的学者，在别人面前说起来都不好意思。而且，说实话，亚里士多德生活的时代本来就没什么娱乐活动，百无聊赖才会有这种念头吧。更要命的是，古代实行奴隶制，亚里士多德不需要自己劳动，但现在这个时代可不是这样了。

现在，我们必须得工作，赚钱养活自己，所以亚里士多德的幸福论听听就好，绝对不能直接走他的老路。既然这样，我们就得自己考虑什么是幸福了。

2. 幸福、目的、质量

有钱还是幸福?

我在课堂上有时会问:“有钱和幸福，你会选哪个呢?”先哲曾经说过，金钱只不过是手段，所以可以追问:“想变得有钱吗? 那么，变得有钱又是为了什么?”“有钱可以想买什么买什么!”但是想买什么买什么以后呢?“当然啦，买了就开心，开心就幸福。咦，怎么绕回来了?”

说得对，说句心里话，我们都觉得有钱真好。没钱或许会过得很艰难，可不见得有了钱就会幸福。绕了半天，我们的最终目的还是指向“开心”“幸福”。课上要求大家举手表决的时候，虽然有人选择“有钱”，可大多数人还是选择“幸福”。

有些人会说:“为什么不说实话呢?”确实，在调查问卷上不少人写道:“刚才在那么多人面前举手选了‘幸福’，其实我真的很想变有钱。”

确实，“开心”“幸福”都是些泛泛之谈，让人觉得听着挺好，可是摸不到实际。与其选择“假大空”，还不如老老实实赚钱。或许这就是现实，但是，现实真的如此吗?

质与量

当然，金钱很重要，但是，要说“金钱比开心重要”就不对啦。我也觉得，“开心什么的根本靠不住，幸福又是句空话”这些看法有道理，不过就此认为“金钱比幸福重要”就不对了，这只是在逃避“幸福、开心是什么”这个貌似很难的问题吧？

正如前文所述，金钱固然很重要，可有钱最终还不是为了幸福吗？我觉得“幸福就是个不切实际的东西”这个说法有些偏激。因为，背后的说辞就是“我不清楚幸福是什么，所以干脆先赚钱吧”。虽然我们一直在追求幸福，但我们其实并不知道幸福究竟是什么。

相反，金钱是非常具体的存在，金钱代表的是**量**。量就是可度量（废话）、可计算（还是废话）的东西，理解起来比幸福简单一大截。假如我拥有100万日元，内田君拥有200万日元，那就证明内田君比我阔气一倍。

但是，当我说“好幸福啊”的时候，内田君要是说“我也很幸福，比老师还多一倍”的话，那就有点滑稽了。因为和代表量的金钱不同，幸福代表的是**质**。量可以在客观上明确计算，质则相反，对质的感觉是因人而异的，无法进行计算、比较。

从这个角度来看，我们的真心话还是“想要幸福”，但是无法弄清质的情况。与其纠结看不见摸不着的幸福，不如关注明明白白的量，在思路上有这种倾向也不奇怪。

目的与手段

就目的与手段的重要性来说，目的极为重要。但是，按照时间顺序来说，要想实现目的必须先使用手段。不用说，这个目的指的就是幸福，可惜幸福难以捉摸。相反，作为手段的金钱极其具体，而且和其他手段不同，操作起来有无数个选项。这样一来，大家会认为，“幸福这东西太虚幻，暂且先选择金钱吧”。

不仅仅是金钱与幸福，有时不知不觉间我们的目光会被眼前的东西吸引，会错误地把仅仅是手段的东西当成目的。

这就导致我们可能只顾追求手段，而放弃了本来的目的，也就是所谓的本末倒置。

3. 幸福的真身

“取量弃质、取手段舍目的”的结果

确实，取量弃质、取手段舍目的的做法极为常见，而这种注重直观结果的行为模式，从历史的角度来看是个新倾向，是极具现代风格的观点。

正如前文所述，质与目的这两种东西，都是主观性的存在，因人而异，模糊且不可捉摸。科学则与之相反，近代便是科学这种新思维模式诞生的时代。科学刚一问世，就斩获了无数成

果。这是因为，科学排除了主观性和模糊的东西，只保留了客观的、明确的东西，让无数新技术被成功开发出来。

但是，这样做的结果又怎样呢？18 世纪以来，科技实现了飞速发展，无数技术被应用到实际生活中，世人都期待生活能越过越好。和古代不同，我们不用奴役奴隶，只要使用机械或者机器人就能让生活更方便。好像一切都非常美好。但是，到了 20 世纪下半叶，我们开始发现事情并非如此，我们只获得了数量与手段，却遗失了最重要的东西。

■ 安乐死

技术日新月异，除了让物品更容易使用之外，无数新技术也得以广泛应用于人体。比如在医疗技术方面，生命延续技术日益发达。

单纯地说，活得长是好事，生命延续技术万岁！但是，事情没有这么单纯。虽然我们不想死，但是现在还有许多疾病没有被攻克。于是出现了“疾病无法治愈、痛苦无法消除却死不了”的状态，甚至产生了“还不如让我早点死”的诉求。

这就是所谓的“安乐死”问题。安乐死一直以来都是个难以解决的问题，说到这可能许多人会想起森鸥外的《高濑舟》吧，安乐死这个问题居然在古希腊时期就已经存在了（在希波克拉底誓言中提及）。但是，到了现代这个问题更加严峻，其原因就是前文提到的科技进步（还出现了以安乐死为主题的漫画《死亡代理人》）。

要说导致这个结果的原因，就是人们放弃思考"'好生活'是什么"，尤其"'好'是什么"这些伦理问题，闷着头只考虑"活着"，只注重发展提高质量的手段，也就是医疗技术。

当然，我可不是因为科学技术引发了各种问题，就不问青红皂白，彻底否定科学或者技术。就连伦理学家们也存在被科学技术进步蒙蔽了双眼，对于质的问题的思考出现懈怠的倾向。

对此，大家逐渐开始反省过去只注重量、手段的做法，提出了 QOL（Quality of Life），即"（人的）生命质量"这一概念。这一概念开始在医疗领域里反复出现，例如"必须通过介护提高患者 QOL"等。

幸福的真身

仔细一想，QOL 这个词简直和"好生活"别无二致嘛。用在个人层面上和"幸福"如出一辙。为何不用容易理解的词语，非要选择 QOL 这样拗口的表达呢？究其原因，正如前文所述，"幸福"这个词的内容有些宽泛，有人会觉得幸福因人而异。与其使用"幸福"这种含糊的表述，不如使用 QOL 这种说法更好理解。

但是，结果还是换汤不换药，QOL 也罢，幸福也罢，质也罢，都是主观性的、模糊的、因人而异的……接下来该汇总一下了。

我们已经迷失在科学或技术的发展进步之中，如今只知道关注数量与手段，忘记对质和目的进行思考。最终甚至产生了

“那种主观又模糊的东西根本不重要”的极端想法。

至此，相信大家都理解了吧，答案其实非常简单。没错，不是“幸福无法进行客观衡量”，而是“原本幸福就是因人而异的事物，每个人要自行找出幸福，自行判断真伪”。换句话说，我们首先要运用自己的积极自由来确定，“对自己而言什么样的生活才是幸福的”。

专栏 5：游乐、幸福、余暇（亚里士多德与马克思）

亚里士多德对幸福下过著名的定义："幸福不是一种状态，而是一种活动。"大家可能对这句话似懂非懂，其实，这句话里蕴含着很深的含义。

我们的行动分为两种，一种是"采取某种行动，将该行动作为手段，以达成某种结果"（在这种情况下，达成的结果最重要）；另外一种是行动本身就是目的（做这件事本身具有重大意义，至于结果如何并不重要）。亚里士多德将后者称为"活动"，并将其定义为幸福的本质。

简而言之，我认为亚里士多德设想的"幸福活动"就是导致我们无法自拔的"游乐"。其实，亚里士多德对于做自己想做的事情的自由时间、余暇极为重视。在自由时间中，时间是可以被支配的，并且没有不得不做的工作。我们可以问"工作是为了什么"，但是，在余暇时间游乐本身就很开心，再问"游乐是为了什么"或者"游乐有什么目的"就没有意义了。

尤其在现代，我认为人类的主要时间用于"工作"，利用余暇稍微游乐放松一下是最基本的想法，可是这就成了"为了工作而游乐"。"那就不是'余暇'了，也不是真正的'游乐'。这是个低劣的想法，和奴隶的想法有得一拼！”亚里士多德大概会这样说吧。

亚里士多德拥有一大群奴隶，自己不干活没什么问题。而我们呢，既然否定了奴隶制度，那么为了生存就必须去工作（人工智能的进步或许能帮我们克服这个问题）。

或许没必要这么悲观，我们可以设想，为了生存不得不做的“工作”可以成为令人享受的“游乐”。或者，把原本自己用来放松的“游乐”当作工作。当然，这两件事说起来容易做起来难。

无论政治还是经济，我都一窍不通，但是阅读了《资本论》之后明显感觉到，与其说马克思的终极目标是某个主义，不如说是能够自由支配时间、从事自己喜爱活动的状态。

估计这种说法会惹怒马克思主义者，或许马克思和亚里士多德的目标是一样的（当然他们所处的时代背景差异极大）。

第 10 章
与命运偶遇

1. 命运与幸福

为何获得幸福如此之难

“幸福是主观的”这句话没错，但“因为是主观的，所以没有明确定义”“没有答案”之类的结论就不对了。无论幸福是什么、快乐是什么，都要自己弄明白，答案要靠自己去寻找，这就是“积极自由”的意义。所以，虽然“幸福是主观的”这一说法没错，但“幸福是主体性的”这一说法更为准确。但是，瞬间的愉悦不能被判断为“幸福”（这是心理学理论），希望你们能纵观整体，决定自己要度过怎样的人生。

正义不能由个人单独决定，因为正义属于客观性、社会性的存在。但是，幸福不同，个人的幸福不能由社会决定（消极自由）。这是因为幸福必须由自己通过本身的自由，做出主体性判断（积极自由）。这一点在文首寄语中用“‘我’成为自己人生的主角”做了概括。

幸福地活着真的非常难，什么都不做可当不上“人生的主角”。什么都不做，什么都不想，即使你有自己的人生，也只能算是个看客。

■ 命运

幸福是什么，它的本质已经呼之欲出了。“主角是每一个‘我’”这句话的意义也逐渐清晰了。

虽说自己的幸福由自己决定，可就算决定了幸福的意义，也不见得就能幸福地度过一生。实际上，就算对自己的人生进行过认真规划，大多预定目标也无法实现。有时真想说几句“为什么我会做这样的傻事啊”“都是社会的错”“运气太糟啦”之类的怨言。

其实，有时候确实是社会的问题，但绝大部分时候没有理由把责任推给社会。那样说的话，是自己的问题？不过，有时候真的只能哀叹“时运不济”。即使社会稳定、我们本身自律，也会有极大的可能性无法实现“好生活”。

在前文曾经讨论过，人类的存在是有限的，我们没办法看透所有的事情，必然会出现意料之外的情况，所以我们才会把“运气”“命运”挂在嘴边。命运是否存在，我们没办法去证实。但是，不如意的事情确实存在。

■ 与命运偶遇

当然，伦理学无法给“命运”做出明确的定义。但是，一些关于“命运”的观点还挺有意思的。具体来说，就是当人们被问起“你认为命运是否存在”的时候，会出现完全不同的意见。但是，当问到“命运”一词的使用场景时，双方回答时列举的例子却高度重合，也就是“命运的偶遇”“命运之人”等等。简而言之，与“命运”二字沾边的，多数情况下涉及人际关系。

提到社会，基本上都是很淡的人际关系，或是与不熟的人的人际关系。但是，我们在社会里会遇到无数人，其中有些人会发展成我们的挚友。有时候，说不定还能遇到左右我们命运的人。

我们也有可能遇到不想遇到的命运，或许还会遇到自己无法承受的霉运。真到了这个时候，只能向身边的人求助。换言之，在社会层面与个人层面之间，有一种我们需要重视的、重要的关系——周边关系，包括家人、恋人、好友等人。

接下来让我们分析一下周边关系吧。

2. 周边关系与爱

幸福成立的基石

幸福是主观的，从这个意义来说它属于个人所有。决定幸福内涵的也是个人的自由（积极自由、自律）。但是，能不能真的得到幸福不是只靠个人说了算的。虽然个人能努力把倒霉程度降低一些。

我们必须不受他人的意见或者一般常识的干扰，自行决定幸福的内涵。接下来，我们要弄清楚仅凭自己的能力无法承受的部分，从而知晓如何维持最低限度的生活（确实也需要一些钱）。而承担着从根本上支撑起最低限度生活基础这一角色的，就是社会层面的正义。大家在互不伤害的基础上，互相补充需要的东西，保障这一切的机制就是正义。

周边关系又如何呢？上课的时候问大家“你觉得幸福是什么”“要幸福还是要钱”之类的问题，往往能得到各种回答，“对于我来说，幸福就是和喜欢的人一起过日子”“就算没什么钱，只要一家人整整齐齐的就是幸福”之类的。

从幸福这个角度来说，社会正义并不能催生积极的幸福，仅能防止不幸的发生。从这个意义上来说，正义是消极性存在。周边关系则完全不同。

当一个人遇到无法承受的压力或不幸的时候，周围的人会出言安慰或出手相助。换言之，周边关系和社会正义一样，为我们提供生存的基础。不仅如此，周边关系也在积极地影响着我们的幸福。

此外，社会提供的帮助，针对的是谁都有可能遇到的困难或其他问题，例如，失业导致的贫困，因为残障而陷入绝境，等等。周边关系与社会援助不同，它用更亲近、更直接的方式参与扶持。

■ 周边关系中重要的东西

社会层面注重的是伦理上的原理正义，对个人来说是自由的体现。那么，周边关系注重的又是什么呢？

这个问题不好回答。如前文所述，简而言之周边关系指的是朋友、恋人、父母、孩子、邻居、亲戚、同事、社团成员、社区成员……甚至还会出现一人分饰多角的情况，一两句话根本说不清楚。例如，恋人的关系和社区成员的关系之间就有很大的差距，问题在于，是用数量或程度来衡量这个差距，还是认为它们之间存在本质上的差距。

如果用数量或程度来衡量，可以按关系的远近亲疏进行划分。但是，这么做的结果就是要根据程度上的差距进行区别对待，我觉得这样做的话主观性非常大。

举个例子，恋人之间是“恋爱”，朋友之间是“友情”，社区成员之间是“地域情”，等等，细分起来可以分成好多种，但是，这样的话，基本原理的数量很可能会增加。

■ 以“爱”之名

那该如何是好？

和陌生人之间的关系基于社会，周边关系又基于什么呢？这是个好问题：在周边关系中，也就是在我们和家人、朋友、恋人之间的关系中最重要的是什么？在社会层面，所有人都是平等的，即大家都是等距离关系。但是，周边关系中存在着远近亲疏，这就是令人困扰的地方。我认为这些周边关系有个共同之处，那就是离你越近的人越重要，你对他也越重视。对于自己来说，有个牵肠挂肚的人……这就是“爱”吧？不用说，恋爱是爱，友情可以说成是友爱，其他的还有家人之爱、邻里之爱等等。

接下来，虽然还有一些没解决的问题，但不妨暂且用“爱”来概括周边关系中最重要的原理。如果有必要，还可以给“爱”分类，或者分模式。正如正义可以分成三种，自由可以分成两种。

传统伦理学中也有很多关于爱的论述，一般以“爱与正义”这种组合的形式进行论述。

第 4 篇

周边关系伦理：爱

第 11 章
什么不是爱

1. 恋爱是爱吗？

■ 难以理解的爱

和“正义”相同，我们对于“爱”的印象也是五花八门。爱似乎比正义离我们更近。在日常生活中，正义成为话题的机会少之又少，爱却成了老生常谈，而且我们都有各自的感想，或者都拥有爱的经验。论被电视剧、小说、漫画、电影反复刻画的次数，没有什么能超过爱。但是，越是如此，就越有更多无关的印象夹杂其中，去除这些印象要花不少力气。

大家先要注意一个问题，我们在这里讨论的并非“现实世界中的各种爱”，而是“什么样的爱更令人期待”。经常有人提“上课的时候说‘爱’之类的，老师您真有那么多经验吗？”之类的问题。好难过！但是，我们不是在上心理学课，而是在上伦理学课。虽然爱的经验因人而异，但是我希望人们对理想之爱的理念是共通的。

而且，我们已经讨论过社会或个人的伦理了，所以当我们接下来讨论周边关系中的爱时，能够将其和社会层面的正义、个人自由等概念进行比较。

■ 去除多余的印象

让我们开始去除关于爱的多余的印象吧。

上课的时候问学生“爱是什么”“爱里最重要的是什么”之类的问题时，总有一些学生会给出“爱就是恋爱”“爱最重要的就是爱意”之类的答案。

甚至还有极少数人回答“爱就是性”，那就从这个回答开始讨论吧！

■ “爱就是性”论

到今天为止，几万人里只有两个人给出这个回答，确实是极端少数派。但是，这不是所占比例的问题，说到底对爱就不应该有这样的理解。原因在于，在爱涉及的周边关系当中，还包括家人关系、朋友关系、恋人关系，以及各种团体或伙伴关系。在亲子或朋友之间，不能说性是重要的，对吧？

我不是否定性的重要性，伦理学确实鲜有涉及性问题的讨论。我认为，凡是人生的重大问题，伦理学都应该一个不漏地进行研究，这当然也包括性的问题。

伦理学不讨论性的问题有其自身的理由。因为伦理学有个大前提，即“人人平等，同等对待”，所以很难因为存在性别差异就对人区别对待。

那该怎么办呢？是啊，在这里，虽然我们无法具体思考性行为方面的问题，至少需要大家铭记在心的是，包括性别差异在内，人与人之间是存在差异的。

■　“爱就是恋爱”论

我们再来讨论“爱就是恋爱”论，这个话题倒也简单。因为除了恋爱之外，还有亲子之爱、友爱、对家乡的爱等五花八门的爱。没错，影视剧、小说、流行音乐经常刻画的就是男女之爱。对于我们来说恋爱的重要性不容置疑，但恋爱只不过是爱的一种而已。

提到恋爱，大多数人只会联想到男女之间的恋爱，其实也有少数同性之间的恋爱。所以，大家印象中的恋爱（男女之间的恋爱）只不过是个很狭窄的范畴。这样的印象对于爱的理解不但没有帮助，甚至会造成干扰。

■　传统的爱的分类

一直以来，“爱就是恋爱”这种印象算是比较受关注的，在这里不做详述。爱还有很多种，古时候爱的主体也不是恋爱。

一直以来，传统上爱的概念被分为几种，包括“哲学爱”“伦理爱”“宗教爱”“审美爱”“激情爱”“自然爱（性爱）”等等。按照这个分类来看，恋爱应该属于“审美爱”或者“激情爱”。除此之外，爱还有好几种不同的表现形式。

对爱进行研究的时候，和研究正义或自由的思路一样，最好先把视野打开，以防把自己束缚在某些过于强烈的先入为主的观念里。

2. 爱是感情吗？

■ “爱就是感情”论

接下来讨论“爱就是感情”论吧。简单来说，这个观点也是不正确的。

“爱就是感情”论可以理解为“在爱中，最重要的是心情、感情”。心情、感情属于心理问题，可是在这里要考虑的是伦理问题，所以，“爱就是感情”论和我们的目的不符。

突然想起，在关于爱的留言中，有人是这么写的：“心理学教授说，爱满三年淡如水。”我忍不住笑出了声，有道理啊，或许这就是事实。但是，这里说的爱属于“感情上的爱”，也就是心理学里的爱吧？结婚50年依旧相亲相爱的夫妻也不是没有，可以说他们两个人之间的爱依旧存续。就算跑到他们面前说“爱满三年淡如水”也没什么意义吧。我们在这里思考的并非爱的心理，而是爱的伦理。

我并不是主张“感情在爱中不重要”。我认为不如这样说：在讨论爱的时候，感情是个重要的问题。但是，“感情在爱中最重要”“只要有感情爱就成立”之类的说法就不对了。

■ 跟踪狂的行为是爱吗？

有人认为“只要有感情爱就能成立”，这种观点是错误的。原因在于，按这个说法，只要自己心里觉得有“爱”就是真爱。

这不明摆着是单相思吗？跟踪狂说不定也是这么想的："我爱死他 / 她啦！"这能算爱吗？谁都不想将这种行为称为爱，这最多算是"心理扭曲之爱"。

或许跟踪狂本人觉得自己深爱着对方，可对方甚至连跟踪狂的存在都不知道（这种情况很多），所以说这种行为不是爱，至少算不上是真正的爱。

不稳定的爱

"爱就是感情"论在其他方面也难以自洽。

爱意或者情感之类的感情未必能受自己控制吧？不知道这个说法是否恰当，虽说感情是自己的，但自己想动感情绝对办不到，想熄灭一份感情同样也没有办法，这说明感情的起因在自我无法企及的地方。所以我们常说"被感情左右了自己"，意思是自己无法控制感情。

所以，如果"爱就是感情"能成立，那么爱也会变成极不稳定的东西。上一秒还爱意汹涌，下一秒就冷若冰霜。这种虚无缥缈的东西真的能称之为爱吗？

确实，如果只以恋爱为基础来考虑爱，我们就会被爱左右，忽而爱意似火，忽而心灰意冷，结果就会陷入"爱就是感情"这一错觉。

所以，恋爱才会成为很多电视剧的主题，里面既有怦然心动，也有辗转反侧。或许，有些人会觉得这种感觉很好玩。但是，要是把这种东西看作我们身边所需要的爱的本质，那只会导致我们被某种模糊不清的东西牵着鼻子走，连正常的生活都过不下去，这就非常糟糕了。

爱的形式

本章的研究主题是“什么不是爱，什么样的爱会给人带来困扰”。仅靠这些，我们还是无法弄清楚“爱是什么”“理想之爱是什么样子”。但是，我们至少会得到一些提示。

首先，在我们研究的理想之爱中，虽然包括恋爱，但是远不止于此。也就是说，爱的边际可以更宽泛一些。

其次，如果认为“只要有感情爱就能成立”，那么等于认可跟踪狂的这种“单相思爱情”。总而言之，爱至少应该在知根知底的人之间成立。也就是说，爱不能只单方面存在于当事人的心里，对方心里也要有。尤其要注意的是，爱不是单向性的关系，而是互相性的关系。

“爱就是感情”论的另一个问题是，这会导致爱不稳定。如果依赖这样不稳定的东西，我们的生活也无法安定。也就是说，对我们来说，理想的爱不是像感情那样不稳定的东西，而是稳定且可维持的东西。我不是不想说“唯爱恒久远”（毕竟人类无法活到永远），但是，那种飘在半空不知道什么时候出现的、也不知道什么时候会消失的不稳定的东西绝对是个大麻烦。

至此，我觉得已经去除了关于爱的印象当中多余的部分了，通过一起研究“什么不是爱”之后，似乎多少已经看到理想之爱的轮廓了。

第12章
恋爱与友情

1. 男女之间有纯友谊吗?

■ 亚里士多德的恋爱论?

在伦理学家中，对爱研究得最多的就是亚里士多德，这个人真的非常敏锐，他研究了许多例如“群体之间的爱是否成立”“人兽恋是否存在”之类的具体且有趣的问题。

但是，我发现了一件事情，亚里士多德反复强调他的理论基础，即“爱基于平等或相同的关系’。

而亚里士多德所使用的“爱”这个词，原本是希腊语“philia”，很早以前确实曾被翻译为“爱”，可最近却被翻译成了“友爱”，英语将其翻译成了“友情”。所以，与其说亚里士多德研究的是爱，倒不如说是友情。当然，友情可以理解为“友爱”，它也是爱的一种。在现代，大部分人提到“爱”首先想到的是恋爱，而亚里士多德对“爱”的印象是友情，所以才会强调伙伴、互相平等之类的观点吧。而且，恋爱之类的问题确实不在亚里士多德的考虑范围之内。

我曾在书店看到过《亚里士多德的恋爱论》一书，感觉有点害怕就一直没读过，所以不知道里面都说了些什么，可事实上亚里士多德压根就没写过与恋爱论有关的内容。

男女之间有纯友谊吗？

正义可以分成三类。同理，爱是不是也能分类呢？也许亚里士多德主张的爱是友爱，我们强烈认同的爱是恋爱，都是爱的不同种类。

上课时经常会有学生问："男女之间有纯友谊吗？"

上课时提出这个问题的是护理学院的一个女生（其实我在护理学院也开着课呢），她将疑问写在了问卷中，大概是"朋友说'男女之间只有恋爱没有友情'，我有男性朋友，我对恋爱知道得也不多，想知道朋友说的是不是真的。"

也就是说，似乎恋爱与友情在我们的印象之中早就结成了"搭档"。所以，研究这个问题，或许能为我们思考爱的分类提供一些线索。

男女之间只有恋爱吗？

在课堂上介绍了前文的观点之后，有个男生是这样回答的："男女之间没有纯友谊。那位女生说自己'有男性朋友'，但是，对方未必把她当成普通朋友吧。"确实，这样的问题只能根据自己的经验回答。因为这位男生还说过这样的话："要是我的话，肯定会和这个女生发展成恋爱关系，在我的眼里女性都是恋爱对象！"这可不对，这也是他根据自己的经验得出的答案。

"男性对所有女性都抱有恋爱之情"，这句话果然有问题。

我想这个男同学不会对自己的妈妈也抱有恋爱之情吧？所以，“男性对所有女性都抱有恋爱之情”这句话太极端了。

当然，可能会有人反驳道：“不，不是那样的，我不是那个意思！”是的，我明白。不过，至少现在我们知道了一件事，那就是男女之间除了恋爱之外还存在其他关系。

■　男女之间的友情？

是的是的，我明白。现在讨论的问题不是亲子关系，而是友情。也就是男女之间是否能产生友情。

前文提到的那个护理学院的女生，也给出了对“男女之间只有恋爱关系”这个观点持怀疑态度的理由：“以前我没有男性朋友，进了护理学院以后就有了。”当然，这只是她的个人经历，可是接下来她写的内容就很有意思啦！

“之所以会在护理学院找到男性朋友，是因为我觉得我们是抱着相同目标的伙伴。”

原来如此，按这个思路想下去，无论是男女之间，还是同性之间，只要有共同的目标、相同的兴趣，存在“共同性”，就有可能产生友情，这似乎也是亚里士多德的观点。

■　友情型与恋爱型

当然，即使最开始是朋友关系，后来也有可能发展成恋爱关系。人类的关系也不是一成不变的。所以，“友情与爱情的分界线在哪里”之类的问题经常出现。

按照前文的思路，我们可以这样思考。友情是有了共同点、相同之处才会形成的关系；相反，形成恋爱关系是因为“双方存在不同之处”。

当然，如果仅仅是彼此不同，很可能不会产生任何关系。但是与其说是彼此不同，不如说正因为彼此不同，才会在对方身上找到自己欠缺的品质，然后两者之间寻求互补从而建立关系。恋爱关系应该就是这样形成的。

异性之间存在纯友谊，同性之间也存在恋爱关系。例如同性恋，虽然性别相同，但是形成的不是友情而是恋爱，这也是因为看到对方拥有自己欠缺的品质吧。

■ 互补型与共同型

友情与恋爱的区分先告一段落。但是，我们本来的目的是研究周边关系，按照这个方向，我们可以进一步区分其他关系。如此看来，不仅是友情与恋爱，人与人之间的关系可以分成“持相同之处，因共同点而结合”型，以及“彼此不同才互相吸引”型两种，而且这种分类方法能套用在任何关系上。

既然如此，给它们起个名字会更方便。姑且将二者分别称为**共同型**和**互补型**。

这样一来，我们就区分了包括友情关系在内的“共同型之爱”，以及包括恋爱关系在内的“互补型之爱”。

再强调一次，这种分类方法不只适用于友情与恋爱。很多关系即使在周围的人看来像是恋爱关系，可事实上这些关系共同型的色彩要强于互补型。恋人也罢，夫妻也罢，有些其实更像朋友关系。反过来，在同性关系之中，也有同性恋的存在，以及不属于同性恋的“亲友”关系，不过程度高于友谊，其中互补型的关系更多些。

亚里士多德认为所有的“爱”都是“同质的”，并以此展开研究。这属于我们刚才说的共同型关系。但是，大家也知道除此之外的关系，也就是互补型之爱也存在。换个角度来说，连伟大的亚里士多德都没发现的另一种爱，如今被我们发现了，这可真了不起啊！

2. 只能爱一个人？

■ 爱上别人的理由

爱里面最难的部分来啦。

亚里士多德认为，爱之所以能成立是需要理由的。但是，我认为那是因为亚里士多德把爱定义为友爱才会这么认为。中村君和我之所以能成为朋友，是因为我们有着相同的兴趣，因此结成朝相同的目标共同努力的伙伴。按这个道理来说，爱是有理由的。当然，这是共同型之爱的情况。但是，互补型之爱是否也能套用呢？

我认为这就是令许多人烦恼的原因：我爱这个人，可是我为什么会爱上他呢？

恋人问：“你爱我什么？”这确实很难回答。“因为你眼睛漂亮。”你回答道。有些人可能很满意这样的回答，也有些人会接着问：“就这样吗？”“还有就是，你很温柔。”“就这些？”“啊，你筷子用得很好。”“啊，这…… ”

恋人问这个问题可不是想听这些的。那么回答“没有理由，就是喜欢”行不行呢？哎呀，还是很难令人满意。

■ 只能爱一个人？

爱的本质是什么？这个问题应该很难回答吧。大家已经能区分恋爱与友情的不同之处了，那就试试进入下一步吧。

在此，先问一句：“友情与恋爱的不同之处有哪些？”

很多人会这样回答：“恋人只有一个，朋友可以有一群。”

原来是这样，这么说好像也有道理。

类似友情的共同型之爱，其特点在于只要有共同点，就可以让许多人结成伙伴。例如，足球社的社员因为“喜欢踢球”这一共同点而成为伙伴。

但是，类似恋爱这种“发现对方拥有自己欠缺的品质而相互奔赴”的关系，绝对不是那么容易就能建立起来的。这种情况我们一般用“合得来”这个词形容，至于理由、原因则说不清道不明。即使将其称为“命运”也不为过。这样的对象可不像由某种原因成为伙伴那样，可以有很多个，而是只有一个、不可替代的存在。

爱与正义

爱逐渐显露出它本来的样子。

请大家回想前文，正义的基础是“人人平等”，这个规则适用于所有人，包括我在内没有谁可以被特殊对待（见第 4 章第 2 节）。

与此不同的是，爱因人而异。共同型的特点是群体内有共同点，这也成了区分伙伴和其他人的分界线。我们会给予群体内部的伙伴有别于外部人员的特殊对待。

而互补型之爱呢，特殊对待的程度就更高了，伴侣是谁都无法替代的存在。我深爱的你，对于我来说不仅是特别的，而且是无可替代的存在。

非你不可

经常会有人搞错一件事情，所谓的“无可替代性”，或许只是被对方的个性吸引而已。个性强的人，尤其是那种拥有极端个性的人，在我们眼里显得极具魅力。但是，这种感情是不是爱就很难说了。更恰当的说法是，“我”所爱的并非这个人的万里挑一，只是单纯“对这个人有感觉”而已。或许在大家看来，这个人并不是特别有个性或特别有魅力，当被问到“喜欢这人的理由”时也很难回答上来。但是，对于“我”来说，这个人很重要，是无可替代的存在。

“受欢迎”确实让人感觉很好，本人也不能免俗，比起被大家嫌弃当然希望让大家喜欢。这是我的真心话。但是，即使穿着流行的衣服、化着当下时髦的妆容、很受欢迎，也未必能拥有爱情。

3. 当朋友开始疏远你时

■ 爱的不同程度

可以用一下上一节的观点来解释一下因爱产生的羁绊能有多强烈。

先说说共同型之爱，它成立的理由是大家的共同点，所以一旦去掉这一点，一群人就很有可能分道扬镳。

例如，某位音乐人的粉丝俱乐部，大家是因为“喜爱那个音乐人”而汇成一个集体的，可是到了这个音乐人退隐江湖之时，粉丝俱乐部只能解散。

但是，互补型之爱的情况是，在对方身上看到了自己缺乏的品质，正因为自己不具备这种品质，所以才迫切希望能与对方结合。毕竟这样的对象可不是那么容易找到的。（所以一旦遇到这个适合的对象，就会为实现互补型之爱而产生强烈的冲动。）

■ 当朋友开始疏远你时

其实，我也亲身体会过。学生时代的朋友，突然开始变得拒人于千里之外。我打电话过去邀请他：“下周日出去玩吧。”

对方总是支支吾吾。我追问："你怎么啦？"他回答："她在。""什么她在？""她就在我后面呢。"

遇到这种情况，不用问，他肯定是有女朋友或者结婚啦。最开始支支吾吾的原因是："现在后面有女朋友在，如果我和你在这里约定什么的话，她会因觉得被冷落而生气，所以现在没法回答你。"我原本想直接大叫："你把女朋友看得比朋友还重要吗？按照先来后到的顺序，你认识她有认识我的时间长吗？"不过呢，还是算了吧。

无法从表面上理解爱

在共同型之爱中，促使所有伙伴团结在一起的，是每个人在个体之外属于团体的特点。但是，互补型之爱不同。中村君看到吉田小姐有自己欠缺的重要品质，就会爱她爱得无法自拔；而吉田小姐也看到中村君有自己欠缺的重要品质，自然也会芳心暗许。

但是，中村君的朋友山下君很有可能一直看不出能把中村君迷得一塌糊涂的吉田小姐到底哪里有魅力。

例如，有人问过这样的问题："有些人既不知道网友的性别也不知道网友的姓名，却和对方成了好朋友，这属于互补型还是共同型呢？"这就要看你们之间的内在关系了（关于这一点，有本被拍成电视剧的漫画《昨晚过得很愉快吧》挺有意思的）。

情侣不般配之谜

其实，虽然这么说比较直白，但我有时会觉得街上的一些情侣“并不般配”（抱歉，至少我有这样的经验）。读到这里，相信这个问题的答案已经很清楚了。

从第三方（也就是无关方）的角度看来，一对情侣中女方漂亮得不像话，男方丑得令人痛心，难免会觉得“太不般配啦”。但是，说到底这是外人的观点，如果是真正的互补型之爱，那么对当事人来说彼此都是不可或缺的人。

爱的偏心

看到伴侣觉得“不般配”，这只是第三方的观点。这种从正义的角度衡量爱的方式，根本就是错误的。正义不具有“偏向性”。原因在于，一旦出现偏向就无法实现平衡，也就不再是正义了。但是，爱不同，爱会对某个特殊的人完全倾斜，所以说爱就是偏心的存在。

英语中有个单词“impartiality”，意思是“公平性”。而反义词“partiality”的意思是“偏爱、偏袒”。但是，“partiality”在少数情况下也用于积极的含义，此时可以理解为“专一的爱”。虽然这个词的使用方法不能成为伦理、道德上的理由，但是可以作为参考。这一点非常有趣。

专栏 6：婆媳问题为何如此棘手

人际关系并不是简单的非黑即白。正因如此，才“必须同时照顾到两边的利益”。这样一来，必然会碰到许多左右为难的事情。不过，这些左右为难的事情可以分成几个种类。

在“当朋友开始疏远你时”一节里可知，“是选女朋友还是选朋友”的情况，就是“选互补型还是选共同型”的两难选择。那么，是不是也会遇到“两个互补型选一个”，或者“两个共同型选一个”的情况呢？

让婆媳成为家人的纽带是丈夫（也是儿子）。无论是夫妻中的妻子，还是母子中的母亲，对丈夫兼儿子这个人来说都是不可替代的存在。换言之，“夫妻关系”和“母子关系”都是互补型的存在（亲子的互补型问题见第 13 章第 1 节）。结果两边都不肯退让，这就是婆媳关系棘手的原因。

虽然发生矛盾的婆媳双方都很难受，但或许更艰难的，是被夹在中间的丈夫（儿子）。因为站在他的角度来看，无论是和妻子的互补关系，还是和母亲的互补关系，都不可或缺。

被迫在朋友和女朋友中二选一确实有点令人烦

恼，但这种情况属于在共同型与互补型之间做选择，倒也能分得清轻重。但轮到在母亲和妻子之间做选择，也就是说要从两个不可替代的互补型当中选择一个，肯定会左右为难。

日漫《海螺小姐》中的鳟夫是海螺小姐的老公，他是和海螺小姐的父母一起生活的。假设海螺小姐嫁到了鳟夫家里，鳟夫的母亲和海螺小姐之间爆发婆媳大战，那么原本温馨的家庭漫画就会变成狗血午间剧了。

4. 希望你留在我身边

爱里最重要的事情

至此，虽然大家明白了许多事情，但离“爱是什么”这个问题的答案还有很大的差距，我也觉得爱不是简单几句话就能说清楚的。但是，爱很重要，至少这一点大家都清楚了吧？

我在上一章中提到，爱是相互的。如果可能的话，维持一段稳定的关系是很有必要的，为此又该怎么做呢？

说起来很简单。对于共同型之爱，只要维系好伙伴之间共同的纽带即可；而对于互补型之爱，就需要维系好双方看中的对方身上不可替代的品质。

爱惜共同之处

首先，简单说说共同型之爱。

共同之处维系着伙伴关系，如果每个人都不把这一点放在心上的话，大家就无法形成牢固的关系。例如，住在同一个社区里的人，相互之间几乎不来往。只拥有“住在同一栋公寓里”这个共同点，无法产生“伙伴”意识。

然而，自古以来住在同一地域的人们，因为随着岁月的沉淀这一地域形成了悠久的历史，大家会重视地域的传统与文化活动。这样，人与人之间的纽带越牢固，关系也就越稳定。

相反，如果每个人过于执着共同点以外的部分，关系就会变得别扭。这个道理虽然显而易见，实践起来却并不容易。

“德不孤，必有邻”

有些人问我：“共同点会成为维系伙伴关系的纽带，那么维系犯罪团伙的是不好的共同点吗？”

看样子共同型确实有“善”与“恶”之分。谚语里关于这一点也有褒贬表述，“物以类聚”属于褒义还是贬义有点含糊，而“近朱者赤，近墨者黑”如今多指“受到朋友的不良影响”。与此相反，例如，中国古代先贤孔子曾经说过“德不孤，必有邻”，意思是“有道德的人虽然看上去形单影只，但是必然会和志同道合的人相聚”。其实，亚里士多德也认为，真正的友谊既不源于简单共性，也不因外表吸引，而是建立在彼此互相欣赏美德的基础上。

确实有时会因为单纯的共同点形成关系，而具备优秀、善良品质的共同型关系更值得推崇。犯罪团伙之间为了干坏事而形成关系就一言难尽了。

上述观点并不是因为被孔子或亚里士多德说过就成了真理，其实背后有着充分的理由。原因在于，恶者之间结成关系，不仅会对非伙伴的人造成伤害，甚至在团体内部也会产生对立。在犯罪团伙内部，相互之间并不是靠着信赖关系，或者共同的理念形成纽带，大多数人是为了各自的利益而走到一起的。所以，一旦失败就会导致他们相互之间为了利益而互相对立，突然开始内讧。而依据善行、道德建立的共同关系，很难出现类似的事情。

■ 真正的友情

同样是由于某些共同之处形成的友情，却存在两种截然不同的类型。例如，A饿了想抓只野味填饱肚子，可忙了半天没抓着。这时，遇到了抱着相同想法的B。或许两个人互相配合比一个人的效率高，眼看他们左右夹击成功抓到了猎物！

我们把这种情况称为共同型组合，换言之，这种情况属于“互利互助”型关系，还没达到友情的程度。我认为，以上情况并非朋友之间的关系。

也就是说，联结人与人的共同之处，可以分为外在型（例如共同的利益）和内在型两种。在后一种情况下，从“两个人由于某些共同点结成关系，所以共同点是不可或缺的存在”，发展成“对方这个人本身不可或缺”的关系，到了这个程度我们才可以称之为真正的友情。

而且，可以确定的是，后者所催生的关系牢固程度要远高于前者。因为在前者的情况下，人与人的共同之处存在消失的可能性（例如共同利益耗光了），到那个时候纽带也就消失了。而在后者的情况中，连结人与人的是某些无法切断的东西，换言之，甚至就是对方这个人本身。

■ 重视宝贵的东西

在互补型关系中，人与人之间的联结靠的是双方各自拥有令对方觉得极其宝贵的东西。为了维护这个关系，双方都会极其推崇、重视对方所拥有的品质。例如，上田同学为井上同学活泼开朗的品质所倾倒，觉得这种品质能引导自己也变得开朗一些。而井上同学也从虽然不是很开朗，但是懂得深思熟虑的上田同学身上，看到了自己不具备的东西而对其敬仰有加。双方的秉性虽然不同，但是都会重视对方所拥有的品质。

因为我们是人，所以不可能在所有方面都完美无缺。每个人都有自己的长处与短处。但是，一旦从其他人身上看到长处，尤其是看到对于自己来说极为宝贵的品质，从中发现了对方所具有的不可替代的价值，就会忽视对方的短处，单纯重视对方的优点，从而和对方构建起稳定的关系。这是我的观点。

■ 希望你留在我身边

不管怎么说，以上只是我个人的观点。说得极端一点，爱一个人并非基于“这个人这里好”“这个人有这种好品质”之类的认识，只觉得对方是不可替代的存在就足够了，或许这才是关键所在。

■ 回答序章的问题 2

我们学到了这里，就能回答序章中的问题 2 了。对于序章中的问题 1“是否接受贿赂”这件事，不用说答案肯定是“不能接受贿赂”。至于问题 2 的“婚约方得了重病，我该怎么办?”，或许有人会想：“这个问题根本没有答案。”但是事实并非如此。

没错，和问题 1 不同，这个问题确实没有唯一的答案（抱歉，让大家产生了“那么序章里给出的选项中到底哪个才算答案呢?”这样的疑问，但人生不可能像选择题一样有那么多选项供你挑选，相信读到这里的人应该能理解吧）。这是因为，答案取决于那两个人最重视的是什么。那些抱着“这算什么回答”想法的人，请从头开始阅读本书。关键在于双方看重的到底是什么，双方看重的东西不同，得出的结论也不同。所以双方应该好好谈谈，之后再做决定，这才是正确的答案。除此之外别无他法。

例如，或许有人会认为“就算结婚也无法育有后代，分手才是正确的选择”。这对于这样想的人来说是一个选择，但不能说是唯一的正确答案。也许当事者双方认定就算生不出后代也要结婚。同样，“既然有婚约就必须结婚”的想法也不是唯一的正确答案，或许有人觉得该结婚，有人觉得不该结婚。既然我们的目标是找到一个对于大家都适用的答案，那么“该结婚”和“不该结婚”之间不可能存在唯一正确的答案。如果要拿出唯一正确的答案，就必须把这些可能性都包括进去：“当事双方重视的东西不同，会产生不同的结论，所以应该让他们两个人认真考虑之后再做出决定。”

假如他们认为“结婚必然要生孩子”是很重要的事情，那就以这件事为重做出决定。但不能将自己的想法强加给其他人，或许有人就不想生孩子呢。更不能对失去生育能力的人说“结婚之后一定要生孩子”，这纯属语言暴力！

假如当事者双方认为“只要两个人在一起就好”，这也没什么奇怪的。但即便如此，也不能说“生孩子这种事毫无意义”，更不能把这种想法强加给其他人。

第 13 章
爱的方式

1. 家庭分裂

■ 亲子爱是什么?

上一章我们讨论了恋爱与友情，但那不是主题。问题的关键在于以周边关系为重心的“爱”要怎样分类。恋爱与友情的区分是这个问题的引子，讨论的结果就是，爱可以分成共同型与互补型两种。

但是，在课堂上讨论这个话题时，学生们提出了下面这个问题:“在今天的课堂上学到了爱可以分为两种。但是，爱还包含亲子之爱。亲子爱属于互补型还是共同型呢?”

这个问题问得很到位，大家一起想想吧。

■ 亲子爱是互补型

在课堂上讨论这个问题时，有人认为“亲子爱是互补型”，有人认为“亲子爱是共同型”。

“亲子爱是互补型”的观点基于“亲子双方的特点完全不同”这个思路；持“亲子爱是共同型”观点的人认为，“亲子同属一个家庭”。那么，到底哪个观点对呢？

我认为，亲子爱是互补型。“因为亲子同属一个家庭，所以是共同型”这句话有问题，或许有人认为“亲子之间有血缘关系，所以是共同型”，但不能这么说，毕竟没有血缘关系的亲子也是存在的。

这里最关键的问题是，亲子关系为何会形成。不管有没有血缘关系，孩子需要能够照顾自己的大人。这段关系中存在照顾的一方和被照顾的一方，也就是说，亲子之间是异质性存在，所以必须归为互补型。

互补型的特征就是，相互之间虽然没有共同点，但是彼此的角色是无法互换的。可以说，亲子是彼此角色无法互换的关系的典型。所以，从这个意义上来说，亲子关系属于互补型。

■ 互补型也有两种

用“恋爱和亲子爱都是互补型”这个结论结束话题可不行。原因在于，从感觉上来说恋爱和亲子爱完全不同。这样的话，虽然恋爱和亲子爱一样属于互补型，但应该把这两种爱分开考虑。

恋爱与友爱虽然不同，但是细品一下就知道，这两种爱都需要双方互相付出。也就是说，基本上是这个感觉——“我们相亲相爱吧？”“好啊！”或者是“我们做朋友吧？”“可以啊！”（当然这些未必亲口说出）。但是，亲子爱的情况不是像：“以后我们就是亲子关系啦！”“没问题。”（只有收养孩子才有可能是这个样子吧）。亲子关系从孩子出生那天起就成了事实，等孩子意识到的时候，父母早就守在身边了。

所以，恋爱和友情必须互相付出，双方基本上是对等关系，而亲子关系不对等，即使谈不上是“单方面的”（如同父母爱孩子一样，孩子也爱父母），至少关系不是对等的，是种非对称的关系。或许师徒关系也一样吧。

“对等”与“不对等”，这种说法感觉有些拗口。对等时，双方的地位属于横向（水平）排列，而不对等时属于纵向（垂直）排列。为了便于大家理解，我直接用“横向和纵向”进行描述。

从这个角度看，爱首先分为互补型与共同型，而互补型还可以分为横向型（恋爱之类）与纵向型（亲子之类）。

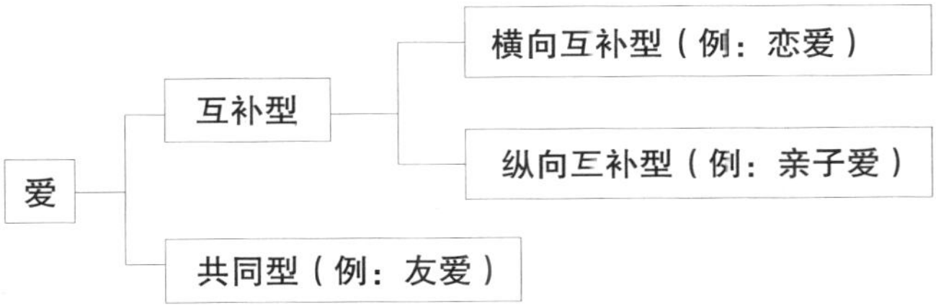

图2　爱的三个种类

《海螺小姐》为什么有趣

我们先思考这样一个问题：夫妻和孩子组成的家庭中有哪些关系？夫妻关系，属于横向互补型；亲子关系（前面讲过），属于纵向互补型。所以“家庭”是至少包括两种关系在内的混合物。

《海螺小姐》直到现在还在播出（据说一直在刷新吉尼斯世界纪录）的秘密就在这里。放在今天的日本看来，海螺小姐一家算是个不小的家庭，不仅人数众多，关系也非常复杂。里面包括两组夫妻（波平和阿舟，海螺和鳟夫）、两组亲子和三组兄弟姐妹……

例如，海螺和阿鲣、裙带菜这对兄妹之间存在年龄差，感觉像是纵向关系。其实，动漫中这种情况很常见。但是，作为父母的波平和阿舟，对所有的孩子都一视同仁。从这里可以认为，兄弟姐妹都是横向关系。而且，虽说是互补型，但是作为同一对父母的孩子，又具备了共同点（也就是所谓的同胞），属于共同型关系。

“兄弟爱 ”这个词也是存在的，英语中叫作“fraternity”。它的语源是拉丁语“fratres”，意思是“兄弟”。但是，“fraternity”指的并非血缘上的兄弟关系，而是一种一般关系的“伙伴”，或者“共同体”的意思，日语可以将其翻译为“友爱”。这也确实可以理解，实际上按我们的想法来说，兄弟也罢，友情也罢，都属于共同型。

■ 再次总结

按以上分析，家庭里包括横向互补型（夫妻）、纵向互补型（亲子）、横向共同型（兄弟姐妹）三种关系。

家庭本身是个集体，在这里也拥有矫正、分配、交换等三个基本关系类型的社会层面正义。社会属于比较松散的关系，而家庭作为周边关系，属于更加封闭、紧密的关系。

2. 爱的内与外

■ 2×2 得出的 4 个种类

既然如此，是不是说爱有 3 个种类？不对，结合互补型和共同型各自的区分方式，我找到了横与纵坐标分类法。这样的话，2×2 得出 4 个种类。

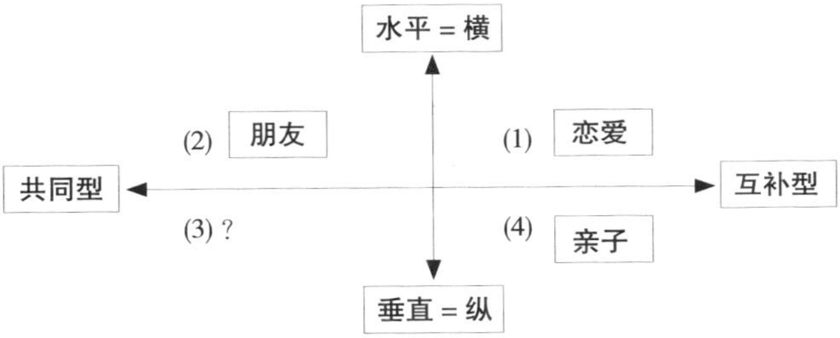

图 3　爱的四种分类

新冒出来的这个（3）是什么？是存在纵向关系（也就是上下关系），并且通过共同的事物联系在一起的关系。

■ 纵向的共同型

接下来，寻找（3）的具体例子。

可以认为（1）（2）（4）所对应的具体关系分别是（1）恋爱（2）朋友（4）亲子。（3）对应的是什么关系呢？

我在课堂上抛出这个问题后，有人举了学校社团活动的例子。社团里有学长（姐）、学弟（妹）这样的纵向关系。同时，例如高中棒球队，有“甲子园[①]之梦”，就算杀不进决赛圈也要胜几场比赛的目标将大家联系在一起。

如果是这样的话，也可以考虑一下其他场景。那么，公司怎么样呢？小公司暂且不提，大公司有稳定的组织、明确的上下级关系，当然，还有明确的共同目标，也就是赚钱这个共同目标。

■ 公司算周边关系吗？

把公司组织归到周边关系这一类，而且以“爱”为纽带，这个说法怎么看都不太能让人接受。正如在“真正的友情”（见第 12 章第 4 节）这一节所探讨的那样，包括社会在内，因为共同的利益而结合成的团体，情感纽带极为脆弱。这一问题涉及下一章的内容，在这里先做简单介绍。

通常，我们对“爱”的理解极为宽泛，例如“爱宠物”“爱国家”等。换言之，爱也可以用在非人类的事物上。那么，看看“爱厂如家”这个标语，好像有时也会要求员工对公司怀有“爱”这种情感。我认为从宽泛的角度来说，在公司里也能找

① 日本高中棒球联赛的俗称。——译者注

到爱。但是，老实说，我觉得不必过于纠结“爱”这个词。毕竟“爱”还是更适合用在家人、朋友、恋人的身上吧。

所以，这里最要紧的不是“公司是否需要爱”，而是以公司为代表的组织，和社会相比属于和我们非常亲近的周边关系，这一点很重要。但是，如前文所述（见第3章第2节、第10章第2节），周边关系与个人、社会不同，它存在由小及大的渐变阶段。换言之，公司在周边关系中，相对于更加亲近的关系（家人或恋人）更靠近社会，相对于社会又属于更加亲近的周边关系。

■ 周边关系的内外之分

例如，无论是在小公司还是在大企业就业的人，往往会用“在我们公司里”之类的说辞。这个“我们公司”就算不等同于“我家”，也和它差不多。对于自己来说，公司关系属于亲近的关系，自己是公司的一分子。所以，当公司或者所属组织出现丑闻时，或许会发生公司的成员互相包庇、隐瞒事实的情形。公司与家庭不同，拥有更强烈的社会性，但二者都有内外之分。与此相反，社会包括所有人，没有内外之分。换言之，内外之分就是集团或组织内外的区别，这也是周边关系的特色之一。

热恋中的情侣会腻在一起，所以没有对象、单身的“我”在街头看到成双成对的情侣时，心中就会冒出一种被孤立的感觉。朋友或伙伴关系也一样，有内外之分。与此相同，公司等社会中常见的组织也有内外之分，规模不同给人的感觉也不同。但是和社会这种最疏远的关系相比，它们都属于相对比较亲近的关系。

由此可见，我们的周边关系的范围大到难以界定，但是在本章我们将其分成4类。我觉得，这样一来就比较清晰明了了吧。

表3　周边关系的类型

周边关系	横向互补型	恋人、夫妻等
	纵向互补型	亲子、师徒等
	横向共同型	朋友、社区等
	纵向共同型	兴趣小组、上级与下级等

专栏7：我的叔叔

周边关系已经有4种了，或许这时有人会连呼：“够了！够了！”其实，我也觉得差不多够了。

但是，还有些人会问出更尖锐的问题：“既然关系有纵横之分，那有没有斜向关系？”

或许这是句玩笑话，但这个思路很好。

本书既然对家庭进行了分解，那么也可以把家庭的范围扩大。于是，就轮到了亲戚群体，比如爷爷奶奶、外公外婆……但爷爷奶奶、外公外婆是父母的父母，属于单纯的纵向关系。堂兄弟姐妹、表兄弟姐妹和我们同辈，属于横向关系。而叔叔、阿姨与侄子、侄女的关系，既不是纵向的也不是横向的。没错，是斜向的关系。

横向关系的人，既是伙伴也是竞争对手。如果不明白，可以联想公司的同事。纵向关系的人虽然是引导并教育我们的师长，但有时我们也会觉得他们唠叨。孩子虽感谢父母的养育之恩，但有时也会对他们感到厌烦。从晚辈的角度来看，长辈就是那种让人敬畏的存在。

与之不同的是，我们和叔叔阿姨属于斜向关系，他们既没有父母的严苛，也没有同侪竞争的剑拔弩张。

他们和横向关系的同辈人相比属于长辈，给予我们很多教导。尤其是年轻时，自己的人生尚未定型，也不知道如何去爱，会遇到各种烦恼。届时，叔叔（为使行文更简练，下文以叔叔为代表）会不经意地告诉我们该怎么走下去。

父母会教导我们最重要的事情，而叔叔没有父母那么大的责任，所以有时会教晚辈一些“不该教的”。比如，父亲说“不许赌博”，可叔叔会偷偷拉自己去赌马。虽然如此，但当遇到对父母难以开口，朋友们也无法帮忙的事情时，找叔叔是最好的选择。

这种情况并不仅限于血缘关系。我认识的一个名叫 F 的研究员私下对我说：“S 老师很凶啊！U 老师就很温柔。”但是，我和 S 老师是烟友，同样喜欢音乐，所以经常聊天，我觉得他是个不做作、直爽的好人。听到这话我被吓了一跳，不由得想：“他怎么会这么说呢？”（其实，S 老师还经常夸奖 F。）F 从大学时代开始就是在 S 老师的指导下成长起来的，所以对于 F 来说，S 老师相当于“父亲”的角色。因此，虽然 F 很尊敬他，但“有些话不太好跟他说”。而 U 老师来自其他大学，对于 F 来说，U 老师相当于叔叔的角色。

或许有些同学觉得，“叔叔阿姨就是斜向关系”这个说法太随意了。其实，这是有根据的。文化人类学里有这么一个词——“闲聊关系”，这确实很有意思，它的定义和“叔叔阿姨就是斜向关系”如出一辙。

在公司里，无论直属上司多好说话，总是觉得在他面前无法畅所欲言。与之相比，其他部门的领导，或许更像是你的叔叔。当然，和“叔叔”（即其他部门的上司）走得太近，“父亲（即顶头上司）会找你麻烦，所以要注意分寸。

父母和朋友是左右我们人生走向的重要因素，叔叔阿姨自带的“随意感”，对于我们来说就像是个避风港。或许，今时今日家庭矛盾之所以到了难以调和的程度，就是因为叔叔阿姨这样的角色越来越少了吧。持这种观点的人不在少数。家庭很重要，我们在它的庇护下长大，与此同时，与家庭过于亲密反而会限制我们，有时甚至可能成为一种束缚。而叔叔阿姨会偶尔带我们放放风，为我们展现一片更广阔的天地。

请大家多找自己的叔叔阿姨聊聊吧！也希望等你们长大以后，能成为年轻人眼中优秀的“叔叔阿姨”！

3. 公司真有趣!

■ 公司真有趣!

我们已经明白，公司（不管是否存在“爱”）是我们周边关系的一部分。但是，说句真心话，估计大家不太能理解这一点。如果是大型公司的话，难道不是一种社会性的存在吗？

是的，确实有这样的一面。但是，说到底公司还是属于周边关系。公司什么的，满世界都是，算不上稀奇，许多人都在公司里工作。但是我总有种感觉，觉得其实公司是个很令人不可思议的组织，是研究伦理学很有趣的素材。首先，公司与社会的关系很有趣。在日语里，公司叫作“会社”，和“社会”用的汉字一模一样，就是位置反过来罢了。而且，公司还被叫作“法人”，这虽然司空见惯，可仔细审视就有点让人摸不着头脑。这个说法确实很有意思。

公司与社会的关系，以及“法人”这个说法在后面（见第 19 章第 4 节）会做进一步分析，这里我们先把基本概念确认清楚。

■ 公司是人为产物

简而言之，公司确实无法套用社会的逻辑。原因在于，公司（会社）是基于一定的目的设立的，而社会本身没有共同的目标或者目的。社会是由陌生人，带着无数思想、各种目的组成的集合。当然，我们必须共同努力让整个社会变得更好，但这并不算朝着某个特定目标前行。这是因为，社会并非人为制造而成的。

相反，公司是在社会之中，为了特定的目标人为制造而成的，人们因为这个共同目的聚集在一起。所以，从这点来看，公司和家族、恋爱之类的周边关系不同。原因在于，家庭或者恋爱的存在依托自然基础，换言之，就算打定主意“来创建吧”，也不一定能成功。与此相对，公司是可以想着“来创建吧”就能够创建出来的东西。

所以，公司属于周边关系。但是，公司无法用“爱”来描述。

■ 重视的是怎样的关系？

我们想用“爱”命名的周边关系（家庭、恋人之类）的对象，往往是具体的人，其中最值得重视的就是那个人本身。按照分类来说，这是互补型之爱。相反，共同型之爱是因为有共同目的而结成的伙伴关系，产生友情时，也会把对方本身当作重视的对象。

与此不同的是，公司是为了实现共同目的而成立的组织，它不会把每个人本身当作最宝贵的存在。

■ 是否存在契约

想知道公司与其他的周边关系的不同点，只要分析家庭与家庭成员的关系以及公司与公司成员的关系就能清楚。例如，我们进公司就职时，公司会和我们签订劳动契约。与此不同的是，爱结成的关系一般来说不需要用契约来约束。需不需要契约是两者最大的区别。

之所以需要契约进行约束，是因为双方原本就是陌生人，没有任何关系。也就是说，契约是社会性的东西。当然，婚姻也是契约的一种，但就算没有契约，双方也会成为一家人。但是，对于社会属性的事物来说，契约不可或缺。所以，上级与下级之间的关系虽然是实打实的周边关系，但是带着极强的社会属性。相反，家庭或者恋人这样的关系，涉及的社会属性微乎其微，是一种封闭型的关系。

■ 公司是有组织的

还有一点，公司与用“爱”命名的周边关系的不同之处在于，到了一定规模的公司是有组织架构的。恋人或朋友之间，如果彼此都认为对方很重要，关系就会因此得以深化。公司则是为了共同的目的集结成的团体，在这点上就已经和爱有所不同了，更何况一定规模的公司为了营利成立多个组织。换言之，公司为了实现更高的效率，会将每个人的职责或能力进行区分，形成立体化结构（大部分情况下是金字塔结构）。在这里，个人不以人格、内涵决定地位，而是以职责或能力决定地位。这样看来，公司离爱更远了。

■ 公司像社会的理由

在家庭中，家庭成员之间的关系极为亲密。但是，在公司之类的组织中，公司与员工的距离非常遥远。如前文所述，公司是以共同目的为目标的团体，团体里面的每个成员都相对独立。还有，每个人为了实现目标会被纳入不同的组织。这两个理由使得公司更像社会。也就是说，这些理由导致公司脱离了个人视角，显得比较遥远（对底层员工来说更甚）。

同样是周边关系，家庭或恋人属于亲近的、核心的、封闭型关系。熟人层面的关系相对疏远。而公司这种根据共同目标形成的纵向关系更为疏远。换言之，这 4 种关系类型即使同为周边关系，在坐标中并列存在，但是每个类型的关系都有各自的特点。

第 14 章
周边关系与个人、社会

1. 周边关系与个人

■ 黑心企业大行其道的原因

我研究过公司与社团活动等因为有共同目的而存在的纵向关系。这种类型的关系能把人们集结在一起的原因，不外乎是大家拥有共同目的。体育类社团活动的学长霸凌学弟，还有教练体罚学生都成了社会问题，背后都和这个共同目的脱不了干系。原因在于，当共同目的被放到第一位的时候，集体就会出现否定个人存在的倾向。

教练一声怒喝："你们不想赢得比赛吗?"大家肯定会回答："我们想赢!"接下来，为了胜利，教练要对每个人进行管理，这就产生了上下级关系或者组织。于是，"想胜利就要都听我的!"成了堂而皇之的借口。到了这种程度就多少有些不合适了。

同理，在公司里也一样，当听到"为了公司就是为了大家"这句话时，许多员工都会压抑自己的感受。尤其是大公司，公司大组织也就更大，相应地对个人的压迫也就越严重。如果长期如此，公司就会变成大家常说的黑心企业。

公司既然是社会组织，就必须符合伦理要求（见第19章第4节），黑心企业之所以黑心，是因为完全违反了伦理要求。原因在于，此时企业已经背离了“共同目的”，成为老板或者大领导的牟利工具。企业只不过以“为了公司就是为了大家”为理由压榨员工。

■ 周边关系与个人

说得直白一点，周边关系和两难问题可以说形影不离。周边关系是个人创造的，既然是周边，也就意味着对方也在你的旁边，这种关系也可能导致个人遭受压迫。最好能以个人不受压迫的方式构筑起周边关系。但是，这个说法只是一种理论，事情的发展未必总能合心意。

恋爱也罢，亲子也罢，友情也罢，都是如此。在恋爱和亲子关系中，双方都认为对方是不可替代的存在，以这个认识为基础关系才得以维系。当然，情侣之间必然会有些令人不满意的地方，亲子之间也会互相较量。在父母感叹“孩子不听话”的同时，孩子也因为“被父母限制得死死的”而暗自伤神。但是，只要双方互相重视，关系就不会走到崩溃的地步。在理想的情况下，友情也是一样。

但是，朋友之间与其说是互相重视，不如说是为了共同目的才走到了一起，当这个共同目的消失时，关系就很容易破裂了。而当这个共同目的过于强大时，就会出现压迫个人的情况。所以，在这一点上把握好平衡极为重要。

■ 音乐与比赛的比喻

我们的周边关系包括亲子、恋人、朋友等，可无论是哪种关系，如前文所述，个人与全体关系的平衡是个重要问题。换言之，每个人要是只关注自己，就无法维持各种关系，但过于重视全体关系，个人就会受到压迫。有的关系虽然外表上看非常和谐，可是如果一方单方面依存于另一方的话，这种关系就不太正常了。

那么，怎样才能实现平衡呢？这个问题可没有唯一的答案。我们可以抽象地描述一下理想的平衡是什么样子。那就是，每个人都不受压迫，整体的关系都处于和谐状态。

我认为，能够表现出这种状态的是音乐。成立一个乐队后，演奏时会有时顺利有时不顺利。不顺利的时候，往往大家各自为政，一首曲子需要大家共同演奏，各忙各的就糟糕了。

但是也不能说所有人按一个乐谱，机械般正确演奏就可以了，这样的音乐作品是没有生命力的。每个人既要发挥出自己的能力，也要在整体上形成有生命力的音乐。当整体实现平衡的时候，就算每个人的乐器和声部不同，最终所有人会协奏出同一首美妙的乐曲。

运动场上的情况也一样。例如，足球比赛的时候，如果能有像 C 罗那种高手加入的话，球队实力自然大增。但是，靠 C 罗一个人肯定无法赢球。所以，经常出现“个人技术是关键”和“整体配合是关键”两种意见针锋相对的情况。到底哪个对呢？答案是，两边都很重要。关键是，如何做好二者的平衡。

比赛与公司、演奏与恋爱

音乐与比赛其实有不同之处，比赛以“胜利”这个极为明确的共同目的为前提，为此更倾向于对人员进行组织化。所以，选手有时会认为“结果就是一切”。有了这个结果，即胜利的目标，个人的比赛情况、每个动作的好坏似乎都无关紧要。

用钢琴伴奏来演唱歌曲就不一样了。当然，最终拿出精彩的音乐成果很重要，因此需要歌唱家和钢琴家两个人做好配合。但是，最终的“结果”并非可以用量化方式明确衡量的东西。

公司更像是比赛，是为了共同目的而设立的明确的组织（见第 13 章第 3 节）。相反，恋爱之类的更像是演奏。两个人并没有从一开始就敲定要演奏什么乐曲，也没有明确说明必须演奏出什么样的结果。更恰当地说，恋爱是两个人创造出来的新结果，所以，每场恋爱都是全新的体验。

但是，人不仅创造了爱，爱有时也会反过来改变彼此。或许大家都有类似的经验，当开始一场恋爱时，自己的世界也完全变了个样子，不是吗？

塑造我们每一个人的是“自我”（自律）。但是，并非只有自己才能塑造自己。爱和邂逅，都是塑造我们的强大力量。

2. 周边关系与社会

■ 周边关系与个人、社会

在上一节中，我们探讨了周边关系与个人的关系，接下来该讨论周边关系与社会的关系了。伦理关系大概可以分成“个人、周边关系、社会”三种，个人与社会的关系［见图 4 的（c）］在前文曾经讨论过（见第 7 章），个人与周边关系之间的关系（a）在前一章刚刚讲过，而社会与周边关系之间的关系（b）目前还没有提到。我觉得，“剩下的都留给大家自行思考”似乎也是不错的选择，但是只留这一件事不跟大家说，感觉有些过意不去，所以在这里还是讨论一下吧。

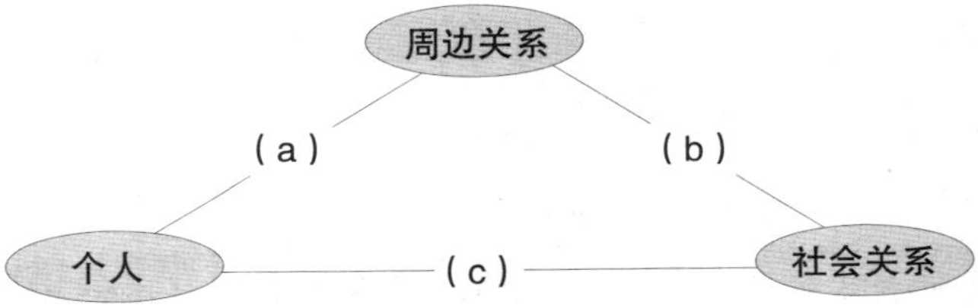

图 4　三种关系的关联性

■ 为何虐待儿童难以防范？

看新闻的时候，一看到抢劫、杀人这些坏事就觉得厌恶。但是，我最在意的是虐待儿童。就在写作本书的前几天，发生了一个两三岁的小女孩被虐待致死的事件。据说，她的父母逼这个孩子在房间的角落里跪坐几个小时，还用热水烫她的身体。小孩子跪坐着哆嗦的视频（父母的朋友拍摄的）在网上到处流传，我为这个孩子感到痛心，忍不住哭了。

为何会发生如此凄惨的事情？心理学家可能会说，这与公猴子为了能和带崽的母猴子交配（由于母猴子要照顾小猴子，因此对公猴子爱答不理），直接杀掉小猴子的做法如出一辙。其实对于我们来说，应该做的是防范惨剧再次发生。

说句心里话，只凭伦理学是无法杜绝虐待儿童的罪行的。但是，虐待儿童到底是怎么回事？为何虐待儿童的行为难以防范？这些问题我们还是能弄清楚的。

■ 亲子与社会

日本已经制定了禁止虐待儿童的法律，各都道府县均采取了设立儿童保护机构之类的措施。无论是因实施虐待行为而自责的父母，还是发现了虐待行为的邻居，都可以向儿童保护机构求助。但是，我相信大家看到过这种新闻：邻居向儿童保护机构举报疑似虐待的行为，可保护机构上门求证时，父母拒绝让他们看望孩子，还一口咬定“不是虐待，是教育手段”，甚至拒绝让机构人员进门，结果孩子就这样被虐待致死。

不少人认为儿童保护机构没用，令人着急。孩子被开水烫伤，被殴打致伤痕累累，一般情况下这些行为都构成伤害罪了。所以，有些人认为虐待儿童就是犯罪，应该直接交给警察处理。

但是，为什么不这么做呢？是做不到吗？因为我们认为国家或者都道府县，和亲子之间的周边关系相比，属于完全不同的领域。诸如亲子之类的周边关系，社会尽可能不介入其间，也就是常说的民事不介入原则。

就算有“社会尽量不介入家庭”的原则，但是当家庭内部发生凶杀案时，警察就必须出马了。也就是说，此时社会可以介入。如果可能的话，在事情恶化到那个程度前就该阻止，但是随意介入家庭并非易事。很难判断该介入到哪个程度。

尤其是在亲子关系中，（本该）能够自律的父母，面对的是不能自律的孩子，这种关系并不对等。结果，孩子不得不依存于父母。其实，在不久以前的日本，法律并不承认儿童拥有个人权利。虽然今天已经开始重视“儿童权利”（见伦理学小道 5），但仍然没有人认为儿童拥有和大人同等的权利。

■ 是否该听从上司的违法命令？

让我们来看另外一个例子吧。假如我是某个食品公司的员工，主要负责生产香肠。但是，有一天上司命令我：“日本产的猪肉价格高涨，所以要用外国产的廉价猪肉！”他甚至还说：“宣传成国产的能卖得更贵，所以要在包装上印上‘使用国产猪肉’！”那么，我该怎么办？

首先，对这位上司的命令，是否要听从？

上课的时候问大家这个问题，回答“不听从”的人也有，但回答“要是我的话就听从”的人占了大多数，实在是遗憾啊。

但是，这个问题可不是少数服从多数能决定的。请大家回想一下，“听从”也罢，“不听从”也罢，都是情绪（心理）上的问题。关键在于，伦理上又该怎样思考（见第2章第5节）。于是我试着问：“应该听从吗？”“不应该听从吗？”“不应该听从”成了主流，这是理所当然的。

但是，还是会有人说：“虽然不该听从，可我还是会听从。”在这个问题上，**理由**才是关键。“应该听从”“不应该听从”已经不是心理学问题了，而是道德问题。但是，让道德拥有力量的是“为什么应该这么做”或者“为什么不应该这么做”的理由（见第2章第2节、第5节）。

直接回答“应该听从”的人确实没几个。因为，“向不法行为低头”确实缺乏道德上的理由。继续追问回答“虽然不该听从，可我还是会听从”的人，他们给出的理由都是“不听从的话会被解雇”“我这个人胆小，不敢违抗上司的命令”之类的。但是，这些只不过是个人情绪或无奈之举。

因此，回答“不应该听从”的理由是“上司的这个命令是不正当的”。没错，不仅不正当，而且违法，任谁都无法接受。所以，绝对不能听从这样的命令。

■　公司与社会

前文提到的虐待儿童问题、亲子问题都属于**纵向互补型与社会之间的关系**。与此不同的是，“是否听从上司的违法命令”这一问题，属于公司内部**纵向共同型与社会之间的关系**。

回答“听从”的人心态是把“自己”放在了首位。相反，回答“不应该听从”的人考虑的是社会利益。因为，听从上司的命令就意味着欺骗那些购买火腿的消费者。换言之，那种行为会损害社会整体的利益。所以，绝对不能听从这样的命令。

不能从事违法犯罪的行为，这谁都明白。但是，为何还有很多人会回答“忍不住会听从上司的命令”呢？那是因为，我们关注的焦点并非社会，而是受到了“上下级”这种周边关系（这个场景属于纵向互补型）的限制。

为了不听从上司的违法命令，我们该怎么办呢？经过前文的分析，答案呼之欲出。不应只关注自我或者自己的周边关系，必须把自我放进更大的框架内进行思考。

■ 周边关系与社会

当然，并不是说在社会与周边关系之间，我们必须总是把社会放在首位。

例如，要是把我的工资一分不留地捐出去，那或许对社会来说是好事。但是，并非只有我一个人肩负着让社会更美好的责任，我还有自己的私人生活，我还有以家庭为代表的一众周边关系，重视这些关系当然也是好事。

但是，要是像前文那样“优先考虑周边关系从而对社会造成危害”，只因为是周边关系就将其放在第一位，这是绝对不行的。在那种情况下，比起周边关系（尤其是涉及周边关系的违法利益），应该优先考虑社会利益，这个道理很简单。

放开视野

人类是有限的存在（见第 9 章第 1 节），所以我们能看到的也是有限的。和社会这种宏大的范畴相比，我们的目光总会忍不住落在更近的、周边的事物上面。但是，被周边关系给局限住可不是好事。所以，开阔我们的视野至关重要。

我们对虐待儿童的问题依旧没能制定有效的对策，但是，假如自己感觉有可能虐待了自己的孩子，到了这个时候，极力拓宽自己的视野就非常重要了。这就需要自己站在别人的角度、社会的角度，反观自己的行为属于什么性质。

同理，请大家站在客观的角度上审视一下“要求实施违法行为的上司和听从命令的部下”吧。很明显，这是正在干坏事的两个人吧？虽然，我作为部下会辩解说：“这是上司的命令，无法反抗才听从的。”但是，说到底这是站在周边关系角度的观点。从社会的角度来看，这话连理由都算不上，只不过是个借口罢了。

专栏 8：内部举报算背叛吗？

当周边关系中发生了不好的事情时，最关键的是拓宽自己的视野。有时候就算拓宽视野也无法顺利解决问题，遇到这种情况时，可以巧妙地引入关系网中稍远一层的成员。例如，上司的违法命令实在难以抗拒时，可以和同事讨论对策，或者找其他部门的上司（专栏 7 里的“叔叔”）商量对策。如果做到这一步也无法阻止的话，还可以通过内部举报向公司提出申诉。

提到内部举报，不少人会有“告密”“背叛”之类的感觉。但是，这种想法是只着眼于周边关系的产物。这种情况下，必须从社会的角度去考虑。因为，公司实施违法行为，承受后果的却是社会。也就是说，举报是为了社会利益，所以这种行为被称为“公益举报”。

事实上，举报也是为了公司好。上司的违法命令是打着“为了公司才做违法的事情”的旗号，实际上让公司陷入不义。违法行为也会给公司带来恶果，公司是社会的一个单元，一旦违法行为被公之于众，对于公司来说无疑是致命打击。

在撰写这篇稿子的时候，日本大学美式橄榄球社团的问题成了重大新闻。与教练和领队等人试图隐瞒问题的行为形成鲜明对比的是，那些进行揭发的选手让很多人觉得痛快。希望我们能把这件事当作一个很好的教训。

插曲 2
伦理案例研究

第 15 章
爱与正义的用法

1. 考试打分

■ 伦理基本原理的总结

个人、周边关系、社会，伦理三领域相信大家都逐渐弄明白了。

“道德和伦理因人而异”，对于这个问题大家也得到了最终答案。换言之，**个人**的生活方式“因人而异”是可以的。但是，**社会层面**的伦理要是因人而异的话麻烦就大了，大家必须共同遵守。处于两者之间的**周边关系**虽然也因人而异，但由于涉及对方或伙伴，因此也不能由自己一个人决定。

接下来，看看伦理三领域内部的情况，还能继续分出几个种类来。正义需要大家的共同努力，能分成三种。按照这个思路下去，3 × 3 就能得出 9 个种类啦。

这么一来，大家就想把这些原理实际运用一下。上课的时候我也问过大家：“虽然知道可以进行各种各样的划分，但是这样真的有用吗？”站在抽象的角度来说，进行伦理判断的时候这些原理是有用的。那么我们还是来看看具体的例子吧。

表 4 伦理的基本原理

领域	基本原理	种类
社会	正义	矫正正义
		分配正义
		交换正义
周边关系	爱	横向互补爱
		纵向互补爱
		横向共同爱
		纵向共同爱
个人	自由	消极自由
		积极自由

但是，在此之前必须注意一件事。

分类增多后，大家可能会觉得“总是看不到头”（见附录第Ⅳ章第 2 节），理解起来也很吃力。请大家先关注将其划分为三个领域这一点。如果只有三个领域，就可以做到一目了然了吧。

■ 考试打分 1

我教学时最讨厌的就是给考试卷打分。上课倒是很开心，虽然大家都讨厌考试，但我更讨厌考试啊！责任重大，还很麻烦。

但是，没办法。这是学校体制的一部分，是早就规定好的事情。接受考试的都是独立的个人 打分的却不是“个人”。当然，这里面不会涉及家庭、恋人之类的周边关系。那么，在打分的时候什么是重要的呢？打分这件事属于社会机制的一部分，所以在这里，正义就成了重中之重。

考试打分 2

正义被划分为三个领域。那么，打分属于哪个领域呢？

考试这件事，首先不存在给犯罪行为施加处罚，同时也不涉及物品的相互交换。打分的人，说严重点是代表社会，给许多接受考试的人下发分数。没错，这是分配的一种。

既然这样，对着身为教师的我说“老师，您都谢顶了”（虽说秃头是个事实，但这是个令人难受的事实）的学生，是不是该扣几分作为惩戒？那样做的话绝对不行，因为考试不属于矫正正义。就算有人说：“老师，这次考试我估计要挂科，您就多给 20 分吧，每一分酬谢 2 万日元。”我也绝对不会轻易给他加分。“您要是觉得一分 2 万日元太少，要不再加点儿？”之类的讨价还价也不行。这可不是价格高低的问题，因为考试打分也不属于交换正义的范畴。

考试打分 3

分配有两种方法，一种是大家平等分配，另外一种是因人而异进行分配。

当然，既然是考试，那肯定不能实施平等分配。真这么做的话，努力学习的人和吊儿郎当的人得分相同。这么一来，努力学习的人会高呼“不公平”，而吊儿郎当的人肯定会说“赚大了”。到了这个阶段就属于不正当行为啦。所以，给努力学习且成绩好的人高分，给不努力学习且成绩不好的人适当的分数，必须彻底遵守这一点。

■ 直观与流程

或许有人会认为，前面说的都是司空见惯的事情。没错，是司空见惯，在社会层面上这些司空见惯的事情能得以维持，靠的就是正义。

不用从头到尾想个通透，仅凭直观感受大家就能明白。通过前文的学习，我们已经了解了伦理的基本原理等。平时我们直观判断所认定的“司空见惯”，实际上，就像现在看到的这样，是分阶段的判断，是一种程序。换言之，伦理的基本原理就是解释我们司空见惯的、感受到的事情的基础。

■ 防范错误

关于这一点可以参照后续的例子。在此，先需要确定一个问题点。提到做出伦理判断这件事，一般来说，大家会“司空见惯”地做出判断，不会碰到难以决策的情形。但是，真遇到难以决策的事情，只要回想一下伦理的基本原理，就可以**防患于未然**。

例如，吉田同学是个一直坐在前面认真听讲的学生，遇到问题还会给出自己独到的见解，也会在调查问卷上认真写下自己的感想。

但是，等考试结束，看到吉田同学的答案，也不知道怎么回事，结果不是非常理想，离及格还差 5 分。真给个不及格的话，吉田同学就太可怜啦，我是想给他加几分的。

但是，真遇到这种情况就令人烦恼啦。大家有各自的原因，都想“考试及格”是没错的，但是打分的人就要烦恼啦。这可不是能随意决定“这个及格，那个不及格”的事情。

遇到吉田同学的情况就左右为难啦。但是，肯定不能“因为认识吉田就可怜他”，这种做法是把周边关系放在了首位，而眼下是在打分，这属于社会机制的一部分。所以，不能把二者混淆了。（请放心，吉田同学还有平时成绩的加分，所以及格啦！）

专栏 9：税金的缴纳方法

让我们再见识一下伦理学的威力吧。

关于该实行怎样的税金制度才能保证公平，直到今天相关的讨论都在反复进行（为了以防万一，在这里强调一下，我是伦理学者，既不是经济学家也不是税务专家，这里写的只是关于抽象原理的内容）。税金之所以不可或缺，是因为每个人都有需求，这些需求的实现需要大家共同分担相关的成本（维持各种社会机制的运行，例如基础设施等）。道路是大家共用的，而修路无法靠一己之力完成，所以必须要求大家共同承担，一起出钱才有可能。换句话说，这属于**分配正义**。

一般来说，“收入高的人就该多纳税”已经达成了共识，所以日本采用的是累进课税制度。对此，上课的时候，总会有一些同学提出：“越是认真工作提高收入的人越要多纳税，这不科学。我反对累进课税制度。所有人应该按相同金额纳税。”遗憾的是，这些人把两个原理搞混了。

“越是努力工作的人越该多挣钱”这个观点属于**交换正义**。“努力工作”和“获得高收入”之间已经形成了平衡。相反，“越是高收入的人越该多纳税”

则属于**分配正义**。将这两个原理分开考虑就可以明白“所有人应该按相同金额纳税”这个观点不正确的原因了。

确实，有“我努力工作，税金却高了，这不科学”的情绪不是不能理解，我这种收入不高的人更想主张“从我这样的穷人这里收税是什么意思？都从有钱人那里收吧”！但是，双方要是这么僵持不下就不好了。正义可不是根据“自己的方便”而变化的（见第 5 章第 2 节）。分配正义不可或缺，只能在两者之间取个平衡点。我会这样想：“与其从贫穷的我手里多收税，不如从有钱人那里多收点吧！”当然，我肯定不会说“让有钱人承担所有的税金”。要是那样的话，还是会导致失衡（况且，收入高的人享受税金的好处也更多，从这个角度来说，收入高的人多纳税是没问题的。而且，“全体国民按一个金额纳税”本身就不现实。要是真这么做，估计大部分国民会直接破产吧）。

2. 两难问题的解决

■ 道德上的两难问题

接下来，我们进一步探讨一下怎样利用伦理的基本原理吧。一个代表性的例子就是所谓的道德两难问题。

■ “海因兹偷药”

我们先一起看看一个叫科尔伯格的人提出来的“海因兹偷药”两难问题吧。

海因兹有个生病的妻子，即将撒手人寰。虽然有能救命的药，但是做药的药剂师要价极高，海因兹凑了所有的钱也不够。他把事情说明后对药剂师百般哀求，但是对方一句“我是做生意的，没钱就不卖”给拒绝了。海因兹开始考虑潜入药店偷药……

去偷药的话就能治好妻子的病，但这是犯罪；相反，不去偷药就无法救妻子。无论选哪条路都让人困扰，他该怎么办呢？

上课的时候征求大家的意见，选择“偷药”的人占了大多数。我也觉得应该这么做，因为此时，在“不犯罪”和“救妻子”之间选择的话，“救妻子”对于我来说肯定是最重要的！

对人生的解释

类似这种道德两难问题经常被用在教育上，但这些毕竟都是幻想出来的事情。说句心里话，我不太喜欢。感觉像是“刻意编造”的故事，基本上没有什么代入感。

但是，这些故事都能以伦理学为基础进行解释，自有其意义所在，这一点放在后面再探讨吧。

在这个场景之下，我能理解海因兹考虑偷药的行为。但是请注意，偷药这个行为本身绝对算不上正义。说到底，这是非正义的犯罪行为。但是，犯罪或许在某些程度上能够弥补，可妻子一旦去世就无法挽回了。所以，我选择偷药——这是因为爱。

这个场景里有正义与爱的对立。进一步说，“偷药即犯罪”涉及**矫正正义**，而“重视妻子”属于周边关系伦理中的爱，尤其是**横向互补型之爱**，这些事实都很清楚（顺带说一句，故事里出现的药剂师是个打着**交换正义**的幌子，实际上只知道考虑自己得失的守财奴）。

伦理学的作用不仅是消除两难选择的困境，还让我们理解了自己在日常生活中行动的意义，对自己的人生做出解释。

当然，我们肯定会遇到两难选择的困境，但是，遇到比这些虚构的两难选择更极端的情况不多。更恰当地说，经常遇到的是“现在好像很烦恼，但是我为什么会烦恼呢？”这类情况。遇到烦恼时，只要弄清楚“为什么烦恼”，就能凭借这一点准导出“该怎么办”的答案。我们学习的伦理学在这种情况下就能发挥出力量。

第 16 章
对人生的解释

1. 对漫画的解释

■ 对漫画的解释

这些知识也可以在解释、理解漫画或电视剧的主题时派上用场。

不论漫画还是电视剧，如果只刻画平平无奇的日常生活，往往很难引人入胜。只有问题、麻烦才能让故事情节更加跌宕起伏、更有意思。这些问题、麻烦种类繁多，其中最常见的就是伦理问题，但是大家或许不怎么能意识得到。

■ 《噬谎者》《赌博默示录》

举个简单的例子，大家一起探讨一下《噬谎者》和《赌博默示录》里的场景吧，这两个漫画作品虽然很有意思，但是很残酷，其中甚至有为了赌博一决生死的场面。除了赌博之外，那些通过玩游戏赌钱搏命的作品（例如《欺诈游戏》《恶魔游戏》等）最近也出现了很多。

这些东西（也就是游戏题材的作品）乍一看描写的是一个野蛮的世界，场景和日常生活大相径庭。但是，它们基本上都以赌博或者游戏为主线，必然存在相应的规则。赌博虽然看起来像“夺宝游戏”，可事实并不是那样。如果只是单纯的抢夺，那么为了抢到钱杀掉对方也可以，但这些故事里出现的人物都相当遵守规则。一旦出现违规的家伙，就会遭到拥有至高无上的权力的主持人或者监管方的制裁，也就是受到惩罚（《噬谎者》背后是延续了几百年的暗黑组织“赌郎”，而《恶魔游戏》是恶魔在主持游戏）。

换言之，这些场景虽然和现实社会迥然不同，可是事实上，故事的基础就是正义，尤其是矫正正义：里面的人物至少在表面上是平等的，条件也是对等的，并且存在一个掌控一切的组织或者机制，在某种程度上相当于社会制度的替代品。

■ 《逃避虽可耻但有用》

还有一个例子是漫画《逃避虽可耻但有用》（简称《逃避》）。据说，拍成电视剧后也成了大热门。

主角森山实栗原本没有工作，在父亲的介绍下，给程序员津崎平匡做家政服务。实栗的父母退休之后想搬回乡下，可实栗希望在现在的地方继续生活。于是实栗向津崎提出了契约婚姻。津崎不喜欢被人打扰，所以没兴趣真的结婚，美栗为他做家务，他为美栗支付工资、提供住处，双方各取所需。

“契约婚姻”这个词语确实奇怪，原因在于现代婚姻本身就必须缔结婚姻契约，所有结婚都是契约性质的。所以，《逃避》的作者认为契约婚姻是社会行为，并不属于法律上的契约行为。

此外，在所谓的契约下开始共同生活的实栗和津崎两个人，开始逐渐重视对方（不出所料）。随着剧情发展，原本的契约婚姻开始脱离契约婚姻的本质，逐渐成了不是契约的形态。不再是契约关系后，变成了什么呢？当然是变成了恋爱关系。

那么，契约和爱有什么不同呢？

■ 爱与契约

当然，先不考虑有没有爱情，我们按照本书至今为止的思考方式，可以得出以下结论。

买卖行为是典型的契约关系，我们签订契约的场景（如租房子、租公寓，还有签订劳动合同等），从本质上来说都属于**交换**行为。契约婚姻的情况也一样，双方都拥有对方想要的东西，需要以互相提供的条件达成契约。

看上去这和**横向互补型之爱**极为相似，可本质上不是一回事。说到底，互补型之爱属于周边关系，而契约关系属于社会关系的范畴。况且，互补型之爱的当事人并非看重对方拥有的某些东西能为我所用，而是看重对方这个人本身。相反，在契约关系中，需要的是金钱、物品或服务，对方是谁都无所谓，是可以被替换的。

■ 金钱能买到爱吗？

可替代性是金钱的一大本质。因为金钱能一视同仁地衡量、换算一切事物（甚至包括人！），也就是说，站在金钱的角度来说，人物 A 和人物 B 没有任何区别。但是，互补型之爱的情况不同，当事人双方都觉得对方是不可替代的。能否被替代是交换（契约）与互补型之爱的本质区别。

或许会有人问："真的有人把买卖行为与恋爱混为一谈吗?"事实上，这二者是很容易混淆的。原因在于，买卖行为和恋爱从表面上看都是两个独立个体之间的关系。但是，如前文所述，买卖行为涉及金钱这一社会制度，不属于个人关系，而是属于社会关系的范畴。

"今天我请客，明天你再请我，这就扯平了。"这样的对话要是发生在一对情侣之间多少会显得有些冷淡。女朋友说"送你个礼物"，男朋友立刻追问礼物的价格，等价归还现金，要是到了这个程度，估计这两个人离分手不远了。因为这已经成了纯粹的交换行为。

提出"金钱能买到爱吗?"这个问题的时候，从定义上就能知道这是绝不可能的事情。因为我们将"爱"定义为用金钱买不到的东西，即无法被取代的东西。

或许有人会说："因为穷，她连看我一眼都不愿意，可等我发财之后，她立马和我交往最后还结了婚，说到底金钱能买到爱。"但是，在这种情况下，金钱买到的真的是爱吗？其实不然，这里得到的不过是"结婚"这种契约关系罢了。就算走到结婚的阶段也未必意味着有真爱。

"因为爱而结婚"是我们的愿望，爱与契约（结婚）完全是两码事。但是千万别灰心，即使是用金钱吸引到的结婚对象，等结婚之后再培养爱也是可以的，就像实栗和津崎一样。

2. 读读小说吧

■ 读读小说吧

不仅仅是漫画和电视剧，小说也能当作探讨伦理问题的素材。文学的历史源远流长，古典小说确实是不错的素材，但是早就被人咀嚼过无数次啦，在这里就拿几部现代小说来举例吧。

■ 《半泽直树》

到今天为止，我总会想起某个场景，这个场景源自后来被改编成热门电视剧的《半泽直树》系列的作者池井户润先生的处女作《无底深渊》。主角是个银行职员，为了揭露与银行组织有关的犯罪，他对前辈说："你就那么在乎行长、经理他们吗？不论是哪一派的人，说到底都是为了自己往上爬在利用你。等用不着的时候，哪怕是一手提拔上来的亲信，那帮家伙都会毫不犹豫地抛弃。"

对此，前辈是这么回答的："我只是个上班族，上司让做什么就做什么，这不就是企业的逻辑吗？"

相信大家都知道了，这个前辈的眼光太短浅，哪怕存在违法行为他都认为必须听从公司的命令。相反，主角有自己的正义观，打算曝光银行的罪恶行径。事实上，他不达目的不罢休的原因是：洗掉为银行牺牲了生命的朋友背负的污名。也就是说，银行这个组织中的上下级关系即**纵向共同型**，与他和朋友的关系即**横向共同型**（主角极为重视的东西）出现了对立。当然，在这个情况下，站在伦理（当然法律也一样）的立场上看，主角做出了正确的选择。并不是说纵向共同型和横向共同型之间必须重视后者，只是因为在小说中前者犯了罪。

■ 《火花》

学生说“无论如何读一下《火花》这部小说吧”，我才读了《火花》。漫才演员又吉直树先生写的纯文学作品，斩获了芥川文学奖不说，还成了空前绝后的畅销书。

这本书的文库版里加上了一篇叫作《致芥川龙之介的一封信》，在开篇的部分又吉先生石破惊天地写道：“说句实话，我打心里对道德这个东西充满了疑虑。”

哈哈哈，小说家们就是那种口是心非的人啊。虽然嘴上这么说，可是纵观《火花》这部小说，可以说自始至终以“道德”为主题。

■ 从自律到遇到“叔叔”

说句实话，虽然小说中也出现过“正义”之类的词语，但是，就算使用了这类词语也不能说整本书以道德为主题，关键还是在于主角的人生轨迹。

主角是个年轻的漫才演员。

"我从小就想当漫才演员，如果不是中学时代遇到搭档，我真不知道能不能当上呢。"

用伦理学术语说，主角早期就开始踏上了**自律之路**。但是，就算自己能决定自己的人生之路，也未必就能立刻实现。尤其是漫才这个行业，无论如何肯定需要个搭档。对于他来说，当漫才演员的话，搭档不可或缺。从这个角度来说，或许他和搭档之间就属于**横向互补关系**吧。看样子，漫才演员找搭档，估计和我们找恋人或结婚对象一样困难。

主角的前辈神谷也这么说过："想表演漫才，一个人肯定撑不下来，没有两个以上的人帮忙肯定做不成。"

这是事实。

"所以啊，所有的漫才演员身边都有能让他们成为漫才演员的人。可能是家人，也可能是恋人。"

神谷是个很不靠谱的家伙，可是偶尔也能通过这种方式说出很中肯的话。也就是说，漫才演员要想生存下去，不仅要有搭档这样的互补关系，还要有家庭、恋人这样的互补关系。

我们平时就和属于周边关系的人生活在一起，可是想找个合适的搭档就需要运气了（见第 10 章第 1 节）。又吉直树先生的运气不错，遇到了自己的搭档，走上了自己选择的道路。但是，漫才演员这个职业不是自己随便说说想当就当的，必须能让周围的人开怀大笑。即使身边的人觉得有趣，也不一定能成为漫才演员。而且，很遗憾，如果不红就无法以漫才演员的身份生存下去。也就是说，这种服务业必须有人愿意出钱才行。

必须得到非周边关系，也就是社会层面的认同。这基本上属于交换行为了。

但是，主角也认为“自己是个很麻烦的家伙”，因此成长起来就更加艰难。坦率地说，他的节目没人掏钱，没人认可。而且，主角不满足只当个有人捧场的漫才演员，而是把目标定在当个真正的漫才大师上。换言之，在他看来漫才演员不仅仅是个职业，更是自己实现幸福不可或缺的存在。这就是他自律的体现吧。

就这样，在最难熬的时候，他的人生迎来了一个极大的转机。那就是遇到了前辈漫才演员，也是天才漫才演员——神谷。神谷就是我们前文提到的“叔叔”（见专栏 7）般的存在，原本就没有拜师的主角，遇到了教他什么是真正的漫才的人。

■ 鲜活的伦理学

最终，主角没能当上真正的漫才演员，因为他本质上和神谷并不是同一类人，但是，主角并不后悔。

“为了没用的事情浪费了大量的时间很可怕吧？在只有一次的人生中，挑战毫无胜算的事情很可怕吧？排除无意义的事情，相当于回避了危险。无论是胆小鬼、无头苍蝇，还是无可救药的傻瓜，只有站在充满风险的舞台上，用超出别人想象的力量去挑战，最终才能成为一个漫才演员。仅仅明白这一点就足够了。在漫长的岁月里，经过莽撞的人生试错，我认为我终于找到了自己的人生。”

这部分内容很明显就是以自律为主题的内容。

至此，我们已经在这部小说中找到了自律、互补关系、“叔叔”、社会等伦理关系。但是，如果要给这部小说确定一个主题的话，说到底就是一个人面向自律的成长故事。

“我从神谷那里学到的是‘按照自己的方式活着’。这听起来像是随便贴在居酒屋厕所里的简单口号，对我来说却是充满热血、激情燃烧的实践经历。我，应该到了离开神谷，走自己人生路的时候了。”

我们这个课程一直在学习的东西，在小说家的笔下成了“随便贴在居酒屋厕所里的简单口号”啊。但就是这样，我们不仅要把这些东西当作知识来学习，还要在自己的人生中实践这些知识，否则，伦理学就无法鲜活起来。

许多小说家主张“文学与伦理无关”，在我看来并非如此。如果想要自己去践行伦理，仅凭这一点几乎就可以成为文学了。

3. 顺便说说电影

■ 顺便说说电影

都到这一步了，那就顺便说说电影吧。拍电影要耗费大量的人力和金钱，因此很多电影都值得解读。在这里，与其列举大量作品，不如选取一部进行详细分析。

■ 《教父》里教父的情形

“那个男人和他的朋友邀请我女儿去兜风。然后他们企图对我女儿施暴。我女儿誓死抵抗，被他们打个半死。当我赶到医院看到我女儿时，她鼻子骨折了，下巴绑着钢丝。我哭了……女儿可是我唯一的希望。”

这是弗朗西斯·科波拉的名著《教父》的开篇部分（全凭记忆写的，说不定与原著有出入）。电影的开头是，一个可怜的父亲（殡仪馆老板）流着泪水恳求西西里黑手党唐·科莱昂的特写镜头。

对女儿施暴的犯罪分子虽然被判有罪，处罚却是缓刑，因而被当庭释放。面对在法庭上一句话也说不出口的受害者父亲，犯人居然还冷笑了一声。

“你想怎么办？”面对唐·科莱昂提出的问题，受害者父亲恳求道：“让他们受到正义的惩罚！”

相信大家都知道，受害者父亲所说的“正义”和真正的正义是两码事。更恰当地说，这属于“复仇”。与其说这是社会层面的正义，不如说这是周边关系中爱（这个场景下是父亲对女儿的**纵向互补型**之爱）的体现。

■ 回到序章问题 3

既然提到了黑手党，那就顺便探讨一下序章提出的问题吧。

无论怎么看都难以和道德扯上关系的黑帮人士们，为何总是把“义气”“仁义”之类的、在道德上拥有重要含义的词语奉为圭臬呢？讲到这里，回答这个问题就很容易了。黑手党把组织称为“家庭”（family），黑帮成员之间也有“大哥”“小弟”之类的称呼。换言之，无论是黑帮还是黑手党，都是类似亲子关系的以**纵向互补型**关系为核心的组织。

无论是黑帮还是黑手党，或许从外表上看不出来，其实他们是非常道德的存在。但是，这个道德说到底只面对内部成员。在黑手党内部，小弟对大哥必须绝对忠诚，而大哥必须全力维护小弟。这就是“仁义”“义气”之类的词语所代表的含义。但是，这份道德仅限于黑手党内部，对于外人则不适用。叛徒不再被视为伙伴，搞不好还会被杀掉。

只要被当作自己人，黑手党就会伸出援手拉你一把。唐·科莱昂把那个可怜的父亲，也就是殡仪馆老板认作自己人，帮他了却了心愿。后来，唐的儿子桑尼被机枪扫射而死（被打得千疮百孔），唐反过来恳求殡仪馆老板道：“我的朋友，至少把我儿子的尸体处理得体面些吧，我真不忍心让他母亲看到他这个样子。”

■　自己人、社会、安身之所

这一幕是《教父》当中最有名的场景。平时令人胆怯的黑手党老大，为儿子的死悲痛不已，向朋友（**横向共同型**）求助。

我虽然不是黑帮或黑手党成员，但是看完《教父》之后也颇受感动。相信只要是拥有“重视的自己人”这种周边关系伦理的人，在电影中出现的极端情况下都会做出相同的反应吧。说到底，那些行为只针对自己人，在外人看来，他们只不过是犯罪集团，与正义格格不入。

社会层面的正义的基础是“互不伤害”，受其本身性质的影响，人与人被隔离开来。因此，正义有时显得非常“冰冷”。所以，当我们受了委屈时会在周边关系中寻找救赎。而在社会层面中，每个人被视为平等的个体，也就是常说的“众生平等”。可是，这也意味着自己与他人并无不同，都是随时能被取代的存在。因此，要想在社会中找到自己的安身之所是很困难的。更何况，一旦做了错事就会被取代，失去安身之所。所以有些人会极其看重黑帮或黑手党那种组织，认为他们随时能给自己提供安身之所，并保护自己的伙伴关系。

这种情况不仅限于黑帮或黑手党，在家庭和公司内部也一样。虽然组织规模大小不一，但是谁都想重视那些能给自己提供安身之所的团体。这样一来，有时就会与社会发生冲突。

由此可见，很多时候，我们心中的纠结、两难问题，往往是社会层面和周边关系，也就是正义与爱之间的碰撞。

■ 迈克的选择

说到《教父》的主角，其实有两个人物，一个是父亲维托·唐·科莱昂，另一个是儿子迈克·科莱昂。

唐原本想让长子桑尼·科莱昂做未来的接班人，所以一直让他担任家族副手，而三儿子迈克·科莱昂最开始并未参与家族的黑手党事务。迈克想去开辟自己的道路，虽然谈不上和家族有什么心结，但也刻意与家族保持距离。

唐遭到敌对家族的枪击，身负重伤差点丧命。之前从未涉足黑手党事务的迈克接到通知，立即赶到医院保护父亲不受敌人袭击。从此，迈克自然而然地走上了向敌人寻仇的道路，也成了整个故事的新主角。

到这里相信大家已经明白，迈克原本打算过**自律**的生活，父亲唐不仅同意，也希望他选择自己的道路。但是，与追求自己的幸福相比，迈克选择了对父亲的爱（**纵向互补型**），最终下定决心与家族（黑手党）共同生活。看来，与其说迈克抛弃自律选择父爱，不如说他根据自我意志做出了抉择。可以说，迈克把自律与对父亲的爱融为了一体。

从根本上来说，造成这一转变的是父亲唐在黑手党之间的争斗中受伤。假如这一切都不曾发生，或许未来由大哥桑尼好好管理家族，迈克就可以走上另外一条路。从这个意义上来说，很难判断这到底是出于自律的选择，还是一种被迫的选择。实际上，当迈克成功为父亲报仇之后，自己也成了敌方组织的追杀目标，很快成长为肩负家庭重任的新首领，他的故事绝不是以光明的基调来描绘的。倒不如说，迈克的命运看起来十分灰暗。

平淡的故事

到这里大家了解了各式各样的小说，与之相比，我们的人生故事或许远没有那么精彩。说句真心话，我们的人生中不太可能会发生这些戏剧性的故事。但是，我们可以认为，这些小说是把我们人生中遇到的各种问题进行夸大之后展示出来的。

所以，大家也要在各种故事情节中去寻找其背后隐藏的伦理问题，并在自己的人生中去寻找这些问题的缩小版。

伦理学小道 6

康德与孔子的矛盾点

即使不是在电视剧等作品里，伦理学家们也探讨过类似的例子。

例如，在伦理学家当中康德算是个极其严谨的人，他主张“绝对不能说谎”。如前文所述，有个叫邦雅曼·贡斯当的人提出了“被杀人狂魔追赶的朋友”这一思想实验（见第3章第1节）。这就是个周边关系与社会关系之间互相角力的例子。

面对杀人狂魔都不许撒谎吗？对此，康德的回答是：“没错！”不愧是康德，这算严谨还是顽固不化呢？

有趣的是，面对相同的问题，孔子给出的是完全不同的答案。

有个叫叶公的国王向孔子夸耀自己的国家说：“在我的国家，有个儿子举报父亲偷羊，这民风够正直吧？”话音未落，孔子答道：“我们家乡正直的人和你们不同，父亲会包庇儿子，儿子会替父亲遮掩。这才是正直的人。”

由此可见，康德连友情等周边关系也以正义为基础进行衡量，而孔子相较于正义（这里的情景属于**矫正正义**），更加重视周边关系中的爱，尤其是**纵向互补型**之爱。

学到现在，用我们的伦理学知识，已经能梳理出各位先哲的理论框架。不过，这些思想实验仅仅属于比较典型的例子，其实康德也说过“友情不可或缺”之类的话。

至于是否应该指控家庭成员，柏拉图的《欧绪弗洛篇》在开篇就提到过这一话题，可惜一直没有给出答案，简直太遗憾了。

第 17 章
试试看用伦理学分析周边话题

1. 网络、社交网站之类的事物

■ 互联网的革新性

接下来，让我们举些现代的例子吧。相信同学们当中很多人都在玩各种社交网站。今天，以互联网为代表的信息技术越来越发达，这就导致以前一些无法广为人知的言论能广泛传播给大多数人。以前那些只能接收信息的人，如今也成了信息的发布者。

很多直接诞生在互联网环境中的年轻人或许不太清楚，以前想向其他人传播自己的思想简直难于上青天。要么成为政治家，要么成为作家，或者成为学者，再或者上电视，否则就无法向大众传播自己的思想。但是，当互联网变得发达以后，即使是普通人也能做到这一点。

“伦理学小道 3”中提到过，技术会将好的一面和坏的一面都放到最大。例如，在互联网上，有人上传有用的信息，也有人传播谣言或表达恶意。虽然当初大家期待的是“在互联网上让更多的人充分参与讨论（彻底论证）”，但是最后未必真能得偿所愿（关于这一点，有位叫作凯斯・R. 桑斯坦的法学家进行过论述）。

或许，在网上口出恶言的人觉得这么做对自己有好处，但是为了一时泄愤而谎话连篇最终也会危害社会。有些人发布诽谤他人、恶意中伤的帖子，或者发布他人的私密照片，键盘一敲将他人逼至自杀。我们好不容易拥有了强大的力量，却不知道该如何运用它。

■ 社交网站中的“社”是什么？

社交网站中“社”的意思就是“社会性”，但是仔细一品就会发现，社交网站未必具有“社会性”。原因在于，参与者都是“朋友”关系，属于周边关系中的**横向共同型**。

说到底，社交网站上的“朋友”往往仅限于网络世界。不过，通过结识这种“朋友”确实也能扩大“朋友”的圈子。朋友之间相互介绍认识新朋友，这种做法在互联网之外的现实世界也很常见，只不过有社交网站的加持会变得格外简单。

不用说，这样做既有好处也有坏处。好处就是，能够遇到现实生活中不太容易遇到的人，或者与失去联系的朋友重逢。但是，社交网站上的人越容易成为“朋友”，双方的关系也就越淡薄。

根据以上情况，可以断定在社交网站上建立的关系，**介于周边关系与社会之间**。虽然形式上属于周边关系，但是它的扩展方式比现实世界中的周边关系更快、更简单。正因如此，双方的关系比较淡薄，从这个角度来说，它更接近社会层面的关系。

由此可知，随着技术与环境的变化，人与人之间的关系很可能发生巨大变化。

2. 出轨与不伦

■ 朋友与恋人的界限

一提到爱，肯定会有人问："朋友与恋人的界限在哪里？"也许大家能想到的最简单的回答是："看有没有过性行为。"根本不对！因为，相爱的两个人未必一定会有性行为。例如，一方因为健康原因无法进行性行为，但是双方又是真爱，我们能说"他们不算恋人"吗？反过来，卖淫也证明了即使没有爱也能发生关系。

那么，怎样才算爱？怎样才算恋人？这里要是回答"因人而异"就不对了，因为爱不是由个人单方面的喜好决定的，至少要两个人参与。所以，到底是不是爱，就要看当事人是怎么想的。正如本书一贯的观点，爱（尤其是**互补型之爱**）必须投入时间慢慢酿造，依靠双方的努力共同培养。

■ 出轨的界限

其他经常出现的问题，如"出轨的界限在哪里"，我猜很多人的答案大致是"和恋人之外的人约会就是出轨""接吻就是出轨"……这些回答都不对，问题的关键是当事人双方是怎么想的。

爱与社会关系不同，并不具备明显的外在标志，说到底完全由当事人双方的意向决定（见第12章第3节）。所以，出现“哪怕恋人出轨也无所谓，就算这样还是放不下恋人”的念头并不奇怪。

但是，一般来说这很少见。原因在于，恋人这种关系在我们的分类中属于**横向互补型**，而这种关系和**交换**等社会层面的关系不同，看重的不只是对方的某一个部分（拥有的物品、技术之类），而是对方整个人，把对方这个整体当作最宝贵的存在。

■ 出轨与不伦

婚姻中的出轨在日语中叫作“不伦”，从字面上就可以知道“不伦”的意思是“违背伦理”“不好的行为”。从理论上来说，除了夫妻间的出轨行为以外，还可能存在很多不伦的情况，然而，这一行为却被特别视为*不伦*，大概是因为一般大家公认夫妻之间的联系更紧密，关系也更稳定。

不伦之所以是*不伦*（不好的行为），是因为它破坏了两人之间存在的**横向互补关系**。所以准确地说，出轨并不直接等于不伦。虽然双方都不想破坏夫妻关系，但其中一方做出了那样的行为，就会破坏这种关系。也就是说，因为对对方的背叛，所以才被视为*不伦*。

夫妻关系与恋人关系的意义不同，以法律为依据的契约关系拥有**社会性关系**的色彩。那么，日本法律对于不伦是如何定义的呢？在法律上虽然没有明文禁止不伦行为，但是“不伦普遍被视为不道德行为”是个定论，当夫妻之间发生纠纷的时候，有出轨行为的一方在法律看来属于过错方。

■ 三角恋呢？

另外，“三角恋”这个问题也经常出现。

虽然三角恋是个伪命题，但也不是彻底不存在……这样吧，大家稍微思考一下这个问题，就当是今天的作业吧。

■ 一夫多妻制的意义

还有个出现次数较多的问题。“老师说互补型之爱基本上是一对一，可是一夫多妻制并非一对一的关系，它算什么？”这个问题很简单，一夫多妻制不属于恋爱关系。

例如，在近代之前，日本诸侯有诸多妃嫔，其真正的目的是延续后代。这不仅是诸侯及其近亲（周边关系）的需要，也是为了君臣关系和藩国的存续（即社会意义上的需要）。当然，生育孩子的行为是两个人一起进行的，所以也可能会产生爱情。但是，从根本上来说一夫多妻制更接近于**社会关系**。

其实，诸侯与嫔妃过夜的时候，会专门有人监视他们是否在认真生育后代、确保妻妾不会暗杀诸侯等等，所以他们似乎根本没有独处的机会。

第 5 篇

进攻型伦理

第 18 章
进攻型伦理、防御型伦理

■ 内容回顾

在前文中，我们将伦理分成了三个领域，分别对每个领域进行思考，结果一共获得九个类型。这基本上涵盖了伦理的基本内容。所以，这本书到这里就可以结束啦，但是……

或许已经有人察觉到了，在这九个类型当中，存在两种截然不同的性质。

■ 伦理、道德的两种印象

在上课期间，大家对伦理学的印象大体上可以分成两种。一种是“伦理太严格啦”“绝对不能做坏事，做坏事就要受到惩罚”这样一种被警告的感觉。这属于减少负面影响。当然，可以断言这种印象整体目标肯定是好的，可思路上属于负面防御型。还有一种是“伦理与道德是要求大家**做好事**，以**善**为目标”，这是一种积极的印象，属于增加正面影响。

■ 进攻型伦理与防御型伦理

如果把我们发现的伦理模式按这两种印象进行划分会怎样呢？“不做坏事，矫正坏事”，正义就是这样吧。正义一共有三个种类，无论哪一种都是为了保证社会的公平，极力维护全体人员的利益，防止互相之间出现伤害行为。如果出现伤害行为，就需要矫正非正义行为。总而言之，正义就是减少错误，消灭有害现象，矫正非正义行为。这可以说是防御性的，或者说是消极性的。（如果有人喊着“这就是正义”而发起进攻，那多半不是真正的正义）。

相比之下，例如**自律**，也就是常说的幸福，即每个人实现自己美好人生的方式，则与之不同。自律不是防止负面事物出现，而是丰富内涵、提升幸福感，属于进攻型。所以，我认为自律属于积极型自由。

消极防御伦理和积极进攻伦理，用我们一直使用的术语描述就是义务论和目的论。此外，除了在一些比较微妙的区域上存在重叠之外，还可以划分为形式伦理与实质伦理（马克思·舍勒）。这些称呼都有其相应的理由，但也有些含糊不清的地方，所以我们暂且称之为**消极防御伦理**和**积极进攻伦理**吧。可以说，这是我们自己做出的区分，或许这么说就不会被别人挑毛病了，这也是我取巧的想法。

■ 必要条件与充分条件

所谓的“正确”，指一旦超出标准就是错误、不正确的。这意味着我们应该遵循这个最低限度的规则或者法则，而且是不得不遵循（这就是义务）。所以，一般来说，我们常说的防御型伦理也被称为义务论。

相反，所谓的进攻型伦理，就是更加积极地主动出击。以“善”或“善行”为目标。目标也就是目的，所以这种伦理被称为目的论。

我们必须通过“善行”实现幸福，但是只有“幸福”是不够的。为了获得幸福，仍然需要最低限度的条件，那就是防御型伦理。所以，可以说防御型伦理是“好生活”的必要条件，而进攻型伦理是“好生活”的充分条件。

表 5 伦理的两个侧面

伦理的区别	传统称呼	基本定义	实现好生活	特征	典型的例子
防御型伦理 消极型伦理	义务论	正确	必要条件	规则、法律等 只能二选一	正义
进攻型伦理 积极型伦理	目的论	善行	充分条件	类似道德 选择多样	自律（幸福）

■ “非此即彼”和“两者皆可”

最重要的一点在于，“正确”必须是全体成员的共识，选项是“要么遵守，要么不遵守”，而“善行”就不是这样了。

假如我遵守规则，你不遵守规则，那么我就是正确的，而你是错误的。所以两个人必须都遵守规则。换言之，这就是“非此即彼”。

如果是“善行”的话，或许“我的善和你的善不同”。善有时可以相同，有时可以不同。这就好比，“我去上班、赚钱买房”，我通过这种方式获得幸福，而你获得幸福的方式是“当音乐家让更多人欣赏自己的音乐”，这两种方式虽然大相径庭却丝毫不矛盾。两个人完全可以追求内容完全不同的善行，也就是说，“善行”和“非此即彼”的“正确”不同，“两者皆可”的情况很多。

还是要区分

把伦理和“正确”这一印象挂钩的人，可能会觉得伦理是类似法律一样束缚人的东西。另一部分人认为伦理是实现“善行”的保证，这样一来伦理就不仅仅是类似法律一样的东西，而是对更高一级道德的追求。

到这里就产生分歧了。正如我们目前为止所学到的，对于前一种类型的人来说，可能会觉得：“这与其说是伦理，不如说是掺入了多余的东西吧？”而对于后一种类型的人来说，可能会觉得：“这与其说是伦理，不如说是些理所当然的事，顶多是与法律相关的话题吧？”

说到底，不做个区分确实不行。只有这样，才能让持有不同印象的人有效沟通。如果不做好二者的区分，反而会引起麻烦。

不过，不能仅仅根据印象来对其进行区分，要想彻底区分防御型伦理和进攻型伦理，就必须重新梳理社会、周边关系、个人这几个层面。

第 19 章
周边关系中的进攻型伦理

1. 纵向互补型（顺带说说关怀伦理）

■ 周边关系中的防御型与进攻型

我认为在传统伦理学中，对周边关系的探讨比较少，所以这些周边关系中的伦理到底是怎样运行的，基本上没有人考虑过。那么，请大家认真思考一下吧。

■ 纵向互补型

首先从纵向互补型中的亲子关系开始吧。

生活当中有人选择生孩子有人选择不生，不生孩子的人也有自己的生活。至少，不至于没有孩子就活不下去吧。所以，对于成年人来说，养育自己的孩子属于有意识的选择。对于生物来说，繁殖出于本能，而对于人来说，生孩子是基于伦理选择的行为。

为什么有些人会选择生孩子呢？虽然育儿是件苦差事，但是从整体来看，育儿对夫妻两个人来说是件幸福的事情。从这个意义看来，对父母来说亲子关系属于**进攻型伦理**。

但是，站在孩子的角度可就不一样啦。对于孩子来说，父母或者监护人是不可或缺的存在。这是当然的，如果没有父母的照顾，孩子很难独自生存下去。尤其是刚出生的婴儿，如果没有大人的照顾根本无法存活。所以，亲子关系对孩子来说是必需的，属于**防御型伦理**。

■ 关怀伦理

其实，还有很多关系属于纵向互补型关系，包括师徒关系。把各种例子都列举出来并不现实，剩下的就交给大家自行思考吧！这里我们先思考**关怀伦理**的意义。

“关怀”是个比较宽泛的概念。这个概念起源于一位名叫卡罗尔·吉利根的女心理学家对一位名叫劳伦斯·科尔伯格的男心理学家的批判。

科尔伯格是儿童道德性发展研究的专家，他认为儿童开始是以自我为中心的，后来摆脱了这种状态，对所有人持公平立场（这是理想的状态）。也就是说，人的心理最终会发展成熟，到达正义阶段，即道德的终点。此外，他还认为男孩比女孩更容易发展成熟。

吉利根对这种论调进行了批判，她认为并非女孩的心理发展比男孩迟钝，而是女孩以另外一种方式发展。女孩所展示出来的并非科尔伯格所重视的“公正、正义”，而是对身边人近距离的“体贴、关怀”，她把这个观点当作“另一种声音”。

这个观点对过去普遍盛行的、认为男性优于女性的、以男性为中心的思想提出强烈抗议，引起了广大女性群体的共鸣。

最终，教育学家内尔·诺丁斯（还是位女性）将其发展成**关怀伦理**，关怀伦理成了现代伦理学的一大流派。

关怀伦理打破了传统伦理理论的观念，在此之前，我们都认为“只要是人，大家都是一样的，是平等的”。至少表面上是这样。但是，即使人人平等，我们依然会不自觉地赋予不同人不同的优先顺序，或者对特定人群倾注更多关怀。关怀伦理认为，不应将这种行为视为不正义，而是应将其看作另一个重要的观念。其最有力的论据就是刚才提到的事实，即我们每个人都由婴儿长大，而婴儿离开了大人的关怀就无法存活。

关怀伦理认为，关怀是人理想的生活方式，或者是值得称道的特性，也就是人生的目的。从这个角度来看，关怀伦理属于**进攻型伦理**。但是，作为被关怀的一方来看，关怀伦理不可或缺，属于**防御型伦理**。

关怀与正义

关怀伦理学家们一开始这样批判道：“传统伦理学都是关于正义的伦理，只不过是实现正义的手段而已。”这个说法不太正确，因为传统伦理学内容繁多，直接用“正义伦理”这个说法简单概括，不免有些草率。而且，他们还逼迫人们必须在“正义”与“关怀”中二选其一，这着实令人困扰。

他们的想法不是不能理解，他们一定认为：“关怀这一极为重要的理论一直以来被传统伦理学给无视了！”更何况，传统伦理学的代表人物是康德、边沁等顽固不化的唯原理主义论者

（见第 3 章第 1 节、附录第Ⅳ章第 1 节）。但是，大家都只坚持自己的观点是解决不了问题的。

和他们不同，我们采取的立场是认可多个伦理原理，所以我认为无论是关怀、正义还是其他的伦理原理都十分宝贵。所以，我们现在的伦理学和传统伦理学相比，绝对是胸怀宽广的存在（当然，这也意味着更具灵活性）。

其实，最开始剑拔弩张的伦理学家们，到了现在也逐渐开始主张“正义和关怀都不可或缺”了。这样一来，就必须思考正义与关怀的定位了。

■ 关怀与爱

正义是社会的基础，关怀的特征与正义极为不同。而且，假如只有一个人的话，关怀就无法成立。简而言之，关怀意味着对周边关系极为重视。而我们把涉及周边关系的伦理命名为**爱**，按照这个思路，**关怀**与我们所说的**爱**是不是有重叠的部分呢？

嗯，实际上这方面还不是很清楚。但是我们已经发现了周边关系的四个模式，那就从这个角度思考一下关怀吧。

既然是关怀，那就需要关怀方和被关怀方，从中可以看出双方并非朋友之间的共同型关系，而是**互补型关系**。但是，到底属于横向互补型还是纵向互补型，肯定会有不同的观点。

■ 伦理学也在不断进步

至少可以明确，关怀伦理的出现倒逼传统伦理学必须与时俱进。换言之，某些观点认为，与其过于关注关怀伦理原理的出现，不如把它当作一个重新审视传统伦理的契机。

虽然认为“伦理、道德因时代而异”的人不少，可也有不少人认为“伦理学故步自封”。可能是因为伦理学的历史悠久，所以看起来像是一门古老且成熟的学问。但是，伦理学其实还在不断进步。

2. 横向互补型（顺带说说医疗伦理）

■ 横向互补型

接下来说说横向互补型，典型的例子就是恋爱和夫妻之爱。

恋爱和结婚对我们来说是不可或缺的存在，甚至有人会说：“不谈恋爱就活不下去！”

但是，如果在“尽力保证最低限度的生活”的人看来，就算没有这些爱，至少生存是没问题的。原因在于，与其说恋爱和结婚对我们来说是不可或缺的存在，不如说是让我们幸福、让我们的生活更丰富的存在。所以，在我们的分类当中，横向互补型属于**进攻型伦理**。

■ 医疗的社会性

前文对横向互补型已经进行过详细论述，在此不再多说。接下来讨论它的一个变种——医疗。横向互补型最典型的例子是恋爱或婚姻，但这只是其中一个形式。横向互补型还有各种各样的形式，其中比较复杂的是医疗领域。

医师资格证属于国家资格，患者与医生之间是社会关系。从经济学的角度来看，又属于服务业与客户之间的关系。夫妻之间互相照顾对方肯定是没有工资的，但医生的工作就是照顾患者。从这个角度来说，很明显医疗属于社会机制的一部分。

■ 医疗的互补型

但是，医生并非单纯的服务人员。虽然从经济学的角度来说医疗属于服务业，但这不是医疗的本质。如果是服务业的话，就成了“向客户提供服务，客户支付费用”的平等的**交换关系**。但是，这种关系不是医疗的基础。所以，日本的法律规定，医院和普通的公司不同，医院是被定性为医疗法人的特殊组织。普通的公司属于营利法人，其目的是追求利益，但是医疗法人属于非营利法人。

实际上，当我们需要医生的时候，往往已经被疾病伤痛折磨得很虚弱了。虽然我们生病了，可是我们不知道是什么病，也不知道该如何治疗。所以，到医院之后，我们需要医疗专家的诊断、治疗。换言之，医生与患者的关系并不是简单的平等关系，而是非对称关系。从这个角度来说，在我们的分类中二者的关系更接近**纵向互补型**。

患者的权利与知情同意

自古有“医者仁心”一说，这句话颇有哲理。也就是说，“患者处于弱势状态，医生必须对他们抱着关怀体贴之心”。说得更极端一点，“医生必须如同慈父一般关怀患者”，也就是所谓的“家长主义”[“Paternalism”，这个单词的词源是拉丁语“Pater”（父亲）]。

可是，医患关系并不是亲子关系，家长主义要是强烈过了头，患者就彻底依赖医生了，这就导致医生一方拥有了绝对的权威与权力。事实上，传统的医生往往会擅自决定患者的治疗方针（当然，医生肯定是为了患者着想），而作为患者会觉得“我不想接受这样的治疗”。可是，医生本应为患者服务，然而这种情况违背了初衷，导致患者的权利受到了侵害。

于是，为了应对这个问题，产生了知情同意制度。医生必须对情况进行彻底说明（知情），由患者本人决定治疗方针（同意）。用伦理学的术语说，就是重视患者的**自律**、自主决定权利。到目前为止，患者的权利一直受到轻视，作为一种平衡手段，这一制度将患者与医生的关系向对等拉近了一步。

从这件事来看，以前属于纵向互补型的医患关系，如今成了**横向互补型**，也就是说，人们的观念已经得到了修正。

话虽如此，并不是什么事都是患者说了算，而且假如医生不说的话，患者也就无从知道自己的病情。就算问患者“你打算怎么办”也还是需要医生告诉患者有哪些治疗方案，各有什么风险才行。所以，医患关系就算说是对等的，也不同于普通的服务业。

■ 问题复杂化的理由

也有一些人认为，假如医疗单纯是服务业的话，那它就属于一种**交换**，是纯粹的金钱问题（狭义层面的经济问题）。这些人甚至认为“无法盈利的医院应该关掉”，这种想法的视野和格局显然都有些狭隘。

对于我们来说，经济是件大事。但是，经济并不能解决这个世界上所有的问题。更恰当地说，经济只不过是我们生活中的一部分而已。仅从医患关系的角度来看，医疗是一种交换关系，可要是考虑到日本的医疗保险制度，因为大部分医药费是大家共同承担的，所以也有**分配**的性质。而且，医患关系的核心是医生和患者的关系，需要**关怀**弱势的一方，这更像周边关系的特性。

单单从医疗这一个例子就可以看到，它具有多面性的特点（假如这时有人问“所以答案不止一个吗”，请立刻从头开始阅读本书）。之所以会产生不同的意见，是因为观察的角度不同。最重要的是，不要认为自己所处的位置是唯一正确的存在，必须看到其他方面的观点。我们之所以对伦理进行详细分类，就是为了拥有更广阔的视野。

3. 横向共同型（顺便说说共同主义）

■ 横向共同型

接下来说说横向共同型，例如朋友或伙伴关系。

和恋爱的情况相同，人没有了朋友未必会活不下去。在现代，“独立自主，一人生活”已经成为一种流行观念。从这个角度来说，朋友就成了可以有，但不是不可或缺的存在。所以，与其说友情属于必要性防御伦理，不如说友情属于**积极性进攻伦理**。

■ 《三月的狮子》和《邻座的怪同学》

但是，从实际情况来看，人可不是那么坚强的生物，似乎难以忍受片刻的孤独。漫画《三月的狮子》就是这类故事的典型。

因为事故失去家人的主角，被父亲的朋友——一位职业棋手收养。但是，他在那个类似家庭的环境中生活得很压抑，为了早点摆脱那里，他在中学时代就早早自立成了职业棋手。但是，即便开始独立生活，压抑感依旧无法拂去，最终拯救他的人是……

在这里介绍这部漫画的故事线好像没什么意义，先说到这里吧。这类宣扬“人无法独自生存”（好像作者不好意思直接把中心思想写成这个）的作品不在少数。已经影视化了的《邻座的怪同学》也是其中之一。主角阿雫（音 nǎ）的人生目标是“当个年薪 1000 万日元的大律师”。没错，这就是她追求的**自律**。为了实现这个目标就要努力学习，所以她觉得“没必要浪费时间和朋友闲聊”。但是，阿雫在给拒绝上课的不良少年吉田春送讲义的时候，被对方暗恋上了。吉田春不善交际，可越是这样就越想交朋友，结果……不用说，两个人擦出了友情（以及恋爱）的火花。

这类故事想证明的是，“独立自主、一个人自律地生活”这种观念虽然听起来美好，但终究只是一种观念而已，人远没有自己想象得那么坚强。

■ 地区共同体

大家不妨先拓宽一下视野。例如，地区共同体或许也属于横向共同型关系。在我们的分类中，地区共同体虽然不像家庭之类的周边关系那么亲密，但是也没有社会那么遥远，比社会亲密不少。

或许有人觉得，“那些共同体什么的没有必要，自己的问题自己解决”。话虽如此，别忘了，也有些人真的离不开住惯了的故乡和相处惯了的地区共同体。如果很重视这些的话，那就说明这种关系属于**防御型伦理**。

其实，在日本“3·11”地震之后，地震的次生灾害成了重大问题。尽管情况各异，但有不少人因为核电站事故不得不离开长期生活的故乡和地区共同体，最终选择自杀。我认为，不能简单地说“他们太脆弱了，无法独立生存”，或者“这是因为他们自己不够坚强”。

伦理学小道 7

共同体主义

现代伦理学或政治哲学有个非常重要的观点，叫作“communitarianism”，日语表述为“共同体主义”，这是著名的哈佛大学公开课《公正》的主讲人迈克尔·桑德尔的观点。

桑德尔曾多次对同属哈佛大学的约翰·博德利·罗尔斯提出批评。罗尔斯是正义论的代表理论家，桑德尔正是通过与罗尔斯正义论的较量完善了自己的理论（其实这两个人的关系很微妙）。

罗尔斯的基本立场就是“公正与正义”，其理论的前提是所有人在保持绝对真诚的状态下处于绝对平等的地位。但是，桑德尔认为“绝对真诚的人”是个抽象到了极点的概念。简单来说，共同体主义认为人类不是那种仿佛飘浮在空中的抽象存在，而是在共同体中出生并成长的具体的个体。

向大家坦白，我在写这本书的时候，兼任着社区的居委会主任一职，因为很多人懒得参加当地的文娱活动，做工作时我几乎跑断了腿。说实话，居委会主任可真不好当啊。

从中我也了解到，大家平时对这种地区共同体的必要性不甚了解。其实，我以前也不知道居委会是做什么的，本地居委会和其他地区居委会之间是如何协同运作的，甚至也很少参加当地的文娱活动。

我们平时不太注意，可真到了必要的时候，地区共同体确实不可或缺（例如，发生自然灾害的时候，必须负责分发食物、指引高龄人员撤离等等，这些都是居委会负责）。有时候，只有离开了当地的共同体，才能深切体会到它的重要性。所以从这一点看来，居委会属于**防御型伦理**。

■ 防御与进攻兼具

可以说居委会的性质和防御型伦理的典型——正义有很大的不同。由于有些人把已经成为地区传统的庙会之类的东西当成了幸福生活的意义，因此在这些人看来，地区共同体属于很明确的**进攻型伦理**。

从这一点可以看出，无论是上一节提到的医疗，还是这一节提到的地区共同体，依据我们的分类无法将它们彻底放进一个单独的框架之内，而且进攻、防御的分类也不是一成不变的，有时候真的没办法给出“这个肯定是进攻型，那个无论怎么看都是防御型”之类的判断。所以，出现中间地带，或者存在两面性并不奇怪。这不是因为我们的分类标准还不够完善，只是因为我们的生活比想象得要复杂得多。

我们平时就在这个复杂的环境中“遨游”，基本上是在无意识中存活。但是，有时候我们不得不有意识地去思考一些困难的问题。届时，伦理学会成为我们寻找原因、理解现象的助手。

4. 纵向共同型（顺带说说经营理论）

■ 纵向共同型

至此，周边关系只剩最后一个了，那就是纵向共同型，这大概属于**进攻型伦理**。纵向共同体指的是，为了共同的目的组织起来的集团（见第 13 章第 3 节）。我认为公司就属于这个范畴，可以想象成为了特定目的而结成的团体。

为了什么目的才结成了团体呢？那就是为了实现一个人无法达成的目的，为此需要一个组织。不然的话，大家只需彼此平等且关系良好就可以了，没必要设置上下级关系。

而这种纵向共同关系，不属于没有就无法存在的类型，而是为了生活得更好才存在的，所以属于进攻型伦理。

■　公司是个复杂的组织

相信大家都记得前文关于家庭的论述（见第 13 章第 1 节），公司不是一个单纯的组织。与家庭的情况相同，仔细分析公司内部结构可知，其中既有纵向共同型也有横向共同型。因为公司里既有上下级的关系，也有平级的关系。

用我们学过的知识进行分析可知，无论是哪种周边关系，都可以分解为互补型与共同型、横向与纵向。从这个意义上来说，公司可以分解为简单的要素。而且，为了解决各种问题，有必要实施这种分解。

■　采取进攻——横与纵的不同

在**纵向共同型**中，因为有明确的目的，接下来只需“高效实现目的”即可［但是提醒大家注意，效率并不是在任何时候、任何地方都很重要。“高效完成工作”非常重要，但是“高效游玩”就有点奇怪了吧（见专栏 5）。如果误解了这一点，认为“只需考虑效率即可”，终究有些狭隘]。

公司之类的组织会主动出击。伙伴更多的一方优势更大，也就更容易实现目标，所以会尽可能地扩大规模。这么一来，往往会和其他组织产生对立。

这一点就和**横向共同型**不同了，横向共同型（请回想一下前面的伙伴关系）可以扩张范围，但是过度扩张就没有意义了。更恰当地说，过度扩张的结果就是关系遭到极度稀释。而纵向共同型的目的极为明确，还有上下级关系的存在，只要形成严密的组织，是可以继续扩张下去的。

■ 自我目标化的组织

当组织自我目标化时，组织自身愈发接近一个完整的主体。主体更方便实现设下的目标，但是组织自身如果显现出过度的自我保存[①]本能，有时着实让人头疼。这种特点常见于公司、政府机关以及军队等组织，偏离自身初衷，将组织自身置于首位。这样一来，甚至可能给其他组织和民众带来负面影响。日本黑帮和意大利黑手党就是典型的反面教材。虽说“组织自身就是主体”，但实际上，我们赋予公司等组织“法人”，即“法律拟制人”的资格，是为了明确组织享有与自然人同等的权利，同时承担相应的义务，避免组织肆意妄为，危害社会和民众。

① 心理学术语，指生物避免伤害，维持、延续自己的生命。——译者注

■ 公司同样是主体

回顾一下前文看到的观点，与社会相比，我们和公司的关系更亲近一些，但比起家人和恋人这类更亲密的关系，可以看出公司是个既麻烦又奇妙的存在（见第 13 章第 3 节）。不仅如此，“法人”的存在方式也十分不可思议。“法人”指“（法律）上的拟制人”。显而易见，公司不是活人，从这个意义上来说，公司只是“物”。它可以是公司经营者的所有物，也可以是由多人组成的组织。但是，仅将其视为物，会给公司或组织的运作造成诸多不便。所以，按照法律规定，把公司拟制成人，当成自然人来对待。这样一来，公司也能拥有自己的资产了。这就是所谓的“法人”。公司既有物的属性，又有人的权利。果然十分不可思议。

只要公司在社会上与他人产生关系，公司就必须承担与自然人同等的权利义务，成为道德主体。如果不这样做，当公司做出恶劣行为时，将无法明确责任归属。

■ 企业伦理、法规遵从与企业社会责任

最近，在企业伦理学（应用伦理学的一种）中，合规管理（compliance）与企业社会责任（Corporate Social Responsibility，CSR）逐渐受到重视。“商业和伦理是八竿子打不着的关系”之类的言论在过去十分常见。但如果商业真的与伦理无关的话，企业很有可能肆意妄为。因此，现在公司也被认为是有人格的

主体，必须恪守道德，还必须承担社会责任。

“企业也必须合乎伦理”，这就是所谓的“**合规管理**”（compliance）。以前这个词被翻译成“法令遵守”，但这样一来就会被人误解为“只要遵守法律就行了”，所以最近不这么翻译了。

与此同时，**企业的社会责任**也愈发受到重视。企业也是社会的一员，所以企业要对社会负起责任，为社会做贡献（许多企业的官网上都写着这些内容，各位读者可以去浏览一下）。

第20章
社会层面的进攻型伦理

1．最大多数人的最大幸福

■ 社会的防御与进攻

接下来，让我们把目光移到社会层面吧！凡是我们知道的社会基本原则，都写着正义二字。并且，我们认为这属于防御型伦理。那么，难道社会中不存在进攻型伦理吗？

老实说，当然存在进攻型伦理。那就是所谓的**功利主义**。

■ 促进社会改革的功利主义

功利主义把追求“最大多数人的最大幸福”这一**功利主义原则**视为唯一信条。“功利性”在英语中写作“utility”，可以理解为“有用、实用”。对什么有用呢？对幸福有用。换言之，功利主义的观点是“有助于尽可能多的人获得幸福的行为才是善”。这种观点旨在追求幸福最大化，显然属于目的论的一种。

而且功利主义不同于义务论，它更关心结果。义务论以行为的动机衡量好坏善恶，但功利主义与之不同，其看重的是行为的结果。因此，在目的论中，功利主义也属于**结果主义**（consequentialism，亦称效果论）的一种（美德伦理学和关怀伦理学虽然也属于目的论，但它们并不属于结果主义）。

在创始人杰里米·边沁思想的巨大影响下，重视好结果的这一特性被融入到功利主义中。与其说边沁是所谓的学者，不如说他更像社会改革家。他创造的功利主义不仅明确以让社会愈加美好为目标，更是采用重视效果、结果的思考方式，以求实现这一目标。

功利主义的弱点

不过，“最大多数人的最大幸福”这个信条非常容易引起误解。边沁所说的“幸福”，并非我们每个个体都能深切感受到的“幸福”，而是一种没有痛苦、身心舒畅的状态 。

为什么呢？因为“幸福”的感受因人而异，难以衡量。从社会改革的角度来说，我们不得不重视改革的效果，既然如此，就必须客观地衡量结果。因此，“幸福”必须是每个个体都能感受到的，并且可以衡量的。用可量化的快乐来计算幸福，这就是所谓的“快乐计算”法。

所以功利主义确实属于进攻型伦理，“有了功利主义，大家都能获得幸福”！但现实很“骨感”。倒不如说，这是一种力求使社会上所有人免除痛苦的理念，从这个意义上来说，它具有**防御型伦理**的一面。

伦理学小道 8

动物的权利

此为“伦理学小道 5”的后续内容。

虽说“动物权利”（animal rights）这一观念尚未完全建立，但这一观念正在不断传播。

例如，著名伦理学家彼得·辛格提出：“动物也有‘人格’（person），如果人类承认这一点，那么动物也能拥有充分的权利。”至今为止人们认为人格独属于人类，辛格主张：“动物会感受到‘痛苦’，所以动物具有‘人格’，应该把动物也纳入道德考量的对象之中。”

确实，人类也好，动物也罢，无谓的折磨是不道德的。没错，使动物的痛苦减少、快乐增加，这一观念是受功利主义启发的。然而，这一观点还有待讨论。伦理学家不能随意制定伦理规范——如果无法得到我们的信服，伦理就无法有效发挥作用。

难就难在要把动物权利扩展至什么范围呢？善待动物组织（People for the Ethical Treatment of Animals，PETA）这一由要求合乎道德地善待动物的人们组成的协会曾站出来批评“捕捉宝可梦是违反正义的”，但迄今为止，支持者寥寥无几。

■ 功利主义的弱点

功利主义还存在其他问题。

某些情况下，功利主义也被写成“实利主义”，强调社会整体的快乐最大化。

例如，在A社会中，有人拥有的快乐份额为100，有人拥有的份额是80，有人拥有的份额是70，A社会的快乐总值为250；而在B社会中，有人拥有的快乐份额是1000，有人拥有的份额是20，还有人拥有的份额只有10，B社会的快乐份额总数为1030。哪个社会更好呢？如果按边沁的观点来说，答案当然是B社会啦！因为那一边总值更多［这一观点被称为“总和排序”（sum-ranking）］。

虽然B社会快乐份额更多，但差距也大得离谱。当差距如此之大时，平等、公平等正义也就荡然无存了。总而言之，有人认为功利主义原则在某些情况下也会充当正义的破坏者。

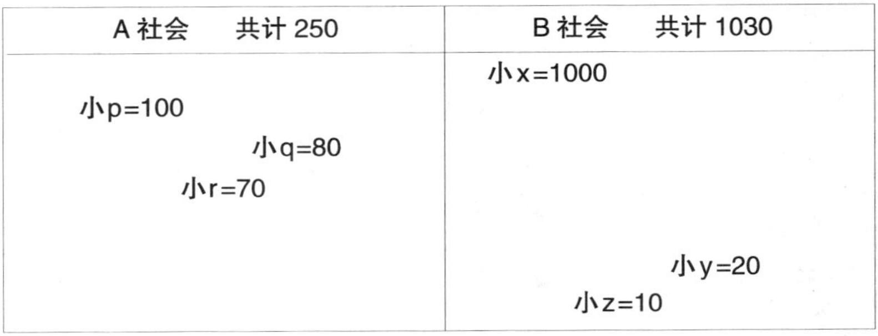

图5　功利主义和不平等、贫富差距的对立

何时适用与何时不适用

因此，功利主义原则无法随时想用在哪儿就用在哪儿，其适用范围相当有限。总而言之，只有在大家都能明确眼下目标的情况下，才可以说尽可能让更多的人获得更多的快乐份额。但在其他情况下，功利主义原则可能不太适用。

举个例子，我想大家应该也在新闻上看到过，在重大事故或灾害现场有大量伤员的情况下，治疗之前会给伤员贴上不同颜色的标记，这一步是为了确定治疗顺序。仅受伤流血或还能大声呼救的人会被推迟治疗。为什么呢？因为要优先治疗伤势危及生命的伤员。比如，就算感觉疼痛，但只是受了轻伤的话，推迟治疗也不会要了小命。受了重伤、无力回天的伤员也将被推迟治疗。毫无疑问，这对当事人来说可能很残酷，但如果优先治疗轻伤者和无力回天的伤员，把伤情刻不容缓的伤员丢在一边，整体上只会导致死者数量增加。

这种方法叫伤病员鉴别分类法。而这种情况，就是可适用（或者说必须用）功利主义原则中“最大多数”的典型场合。因为在这种情况下，每个人都清楚眼下必须考虑的目标是“拯救生命”，除此之外，其他事都得让路，当下应该优先竭尽全力拯救更多伤员（数量最大化）的生命。但是，绝不能极端地认定“只有竭尽全力拯救更多伤员的生命才是善”。要是认定无论何时这一点都是正确的，那么杀掉一个无辜的人，取出其器官，移植给更多患者，也称得上是“拯救更多人的性命”。

这显然是不行的。我之前看过一部推理剧，剧中的人物就按照类似想法做了实验。犯案的女医生为自己开脱道："我确实杀了一个人，但我救了五位患者！我有什么错！"我真的很想问："不是吧，你是认真的吗？"在这个问题上，数量不再是我们该关注的焦点。

伦理学小道 9

功利主义的种种

关于功利主义，需要注意两点。

第一点，此处提到的是边沁等学者提出的古典功利主义，其实功利主义还有很多变种。话说回来，要是只看文中的讲解，会觉得功利主义虽然浅显易懂，但有些极端过头了，对吧？

古典功利主义被称为行为**功利主义**。与此相对，还有规则**功利主义**。行为功利主义注重当下行为的效果最大化，但从长远来看存在弊端，这也是行为功利主义的缺点（比如，会得出“杀害一个人，把其器官移植给五位患者是好的”这样的结论）。于是，产生了一种不考虑当下的具体行为，以规则为基础来思考的思路（例如，确立“不可杀人”这一道德规则的人，从长远来看可以拯救更多的生命）。

此外，边沁非常注重快乐的量，但何为快乐、道德因人而异，从这一点上发展出了**偏好功利主义**（preference utilitarianism），强调注重每一人的个人喜好（偏好）。

第二点，关于快乐计算法（见附录第Ⅳ章第 1 节）。古典功利主义旨在追求社会整体的快乐最大化（总和排序）。不过，快乐计算法的基本构思早在古希腊时期就已经诞生了（柏拉图的《普罗泰戈拉篇》等），是伦理学中最古老的观念之一，甚至在我们个人做道德决定时也适用。倒不如说，我们早就将其应用在生活中了。“好想吃些甜品啊，比如蛋糕什么的，可是为了准备夏天的海水浴，我现在正在减肥呢”，当我们犹豫不决时，其实就是在思考哪种选择能让我们更快乐，获得的效益更大，这其实是日常生活中非常有效的思考方式。不过需要当心的是，在与他人交往的过程中，如果你时时刻刻都在算计的话，会被人当成“爱打小算盘的家伙”。但功利主义确实是一种简单有力的思考方式！

2. 从伦理到政治

■ 当大家确定什么才是最重要的

当明确“在这种情况下，不管谁来考虑，重要的就是这个吧”这样的客观价值后，剩下的就是数量问题了。这时功利主义原则就能派上用场了。不过，当出现“什么才是最重要的，这种事可能因人而异”的情况时，功利主义原则就派不上用场了。我们在上一节就知道了这一点。

一般来说，情况越是“迫在眉睫”，功利主义原则越能派上用场。伤病员鉴别分类现场就是这样的情况，“总之，救命是头等大事，与其磨磨蹭蹭地思考，还不如干脆放开手去干”。出于相同的原因，发展中国家制定的政策也大都是功利主义性质的。因为如果不设法在社会中做点什么，可能大家都无法生存了。但在已经发展成熟的国家和社会里，功利主义未必在任何时候都是正确的。

■ 最重要的事因人而异

每个人心中对事情重要与否的判断都有所不同，有些问题最好由社会来决定，那么个人问题又该怎么办呢？

“每个人对什么最重要的判断都不同，但由于是个人问题，所以根本无须社会参与”，这样的话，交给个人自己拿主意就可以啦。举个例子，今天晚饭吃什么，就没必要特意开个内阁会议来决定了。

不过还有很多问题最好由大家一起参与决策。

把不孕不育治疗纳入医疗保险？

这件事重要与否也因人而异，但最好让大家一起判断。我来举个例子，让我们一起考虑一下生殖技术的使用吧！这也是生命伦理学中经常提及的话题。

近年来越来越多的人应用生殖技术来治疗不孕不育，但这需要花费相当多的钱。而且，生殖技术的成功率很低，往往得做好几次才能成功，导致本就不便宜的费用愈加高昂。

可不孕不育治疗却没有纳入医疗保险（以下简称医保）范畴。去医院治疗疾病，医保能报销部分治疗费，所以自费部分比起实际治疗费用要少得多。然而，就和美容整形等项目一样，不孕不育的治疗费用需要自己全额承担。这可真让人头疼！那么，如果不孕不育治疗也能用医保报销呢？

有观点认为“现在日本少子化情况愈发严重，哪怕要借助生殖技术，只要能不断提高生育率，别的都无所谓，所以纳入医保范畴也没什么大不了的，可以给那些为不孕不育发愁的人们减轻一些经济负担”，而反对的观点认为“生孩子这件事，说到底是个人的事情，社会最好不要介入其中”。那么，你会支持哪一个观点呢？

我认为，还是把不孕不育的治疗当作个人问题对待比较好。

我知道有人因不孕不育、无法有孩子而生活在痛苦中。并不是说那些人的情况无所谓，只是不孕不育和其他疾病有着天壤之别。不孕不育不会损害健康，当事人也不会因此有生命危险。

如果是危及当事人性命的疾病，让全社会提供帮助无可厚非，但生孩子这种事，不该让全社会参与。（不过，作为临时政策，或许可以考虑为不孕不育治疗提供补助金。）

实际上，我们不能要求所有人都必须生孩子。有一些不孕不育患者选择不接受治疗，而有些人即使可以正常生育，也可能选择不要孩子。这完全取决于个人的人生观。换言之，这是自律或爱的问题。它显然属于进攻型伦理。相反，如果公认生育问题应该由全社会共同参与，可能会导致很严重的后果。

因此，有些政治家说出“生孩子是女人的分内之事”“不生孩子就失去做女人的意义”这样的话，因此引咎辞职也是理所当然的（尽管如此，偶尔也会出现不愿意辞职的政治家，与其说是那些政治家的问题，不如说这反映了我们为何会选出这种政治家这一更深层的社会问题）。

■ 什么是多数表决原则？

政治可以被视为社会伦理学的延伸。

政治可以决定道德上难以决定的事情，所以，即使通过民主程序（即多数表决原则）做出决定，也不见得在伦理方面就是正确的（正义）。总有人反对已经通过的决议案，因为这个决议案无法让所有人都心服口服。也就是说，政治是对那些不能让所有人都接受的事情做出的判断。

如果得到大家的一致赞同才是最好的，那么多数表决原则不见得是万全之策（正是因为无法得到大家的一致赞同才采取多数表决原则）。无论是多数表决原则，还是所谓的民主制度，只不过是为了做决策而走的程序，民主本身在伦理上称不上是善或正义的存在。但是，与其让国王独断专行，还不如采取多数表决的办法，让大家一起参与决策，更能让大家心服口服。我们注重民主程序的原因就在这里。

多数原则未必能让每个人都心服口服，它算不上尽善尽美，但也有可取之处。"即使有人反对，但还是服从大家的决策"，在这一规则的基础上人们建立起了民主制度。

如果这些规则不可信，那么民主制度将摇摇欲坠。所以，那些满嘴谎言的政治家即使是被多数人票选出来的，说到底，他们也没有成为政治家的资格，因为他们背叛了让自己当选的多数表决原则这一制度本身。

3. 积极平权行动（Affirmative Action）！

■ 进攻型正义

这样看来，从伦理学的角度上，我们可以轻易明确什么是防御型伦理，因为这是大家安居乐业必不可少的。可仅凭积极行动这一个部分，很难明确是不是进攻型伦理。因此，如果社会上需要就此类问题做出决定，那么这类决定将被将归结为政治性决策。我们在此回顾一下就会恍然大悟，三种正义之间存在不同差异。话虽如此，平时大家应该几乎意识不到所谓的交换正义的存在吧？课堂上曾有学生说："获得物和给予物必须是等价的，这还用说嘛，没必要特意强调'正义'吧。"即便大家意识不到，也会在潜移默化中接受，并在不知不觉中服从这种正义的形态。

相比之下，矫正正义和分配正义更接近大家印象中的那种正义，但也是仅此而已。总而言之，大家几乎意识不到交换正义的存在，也很少有人会提到它。与此相反，后两个种类的正义常常引发意见分歧，也是众人争论的焦点。

就拿矫正正义来说，没什么人会去质疑"有罪必罚"这一观念，正如前文所述（见第 5 章第 3 节），"给予什么程度的惩罚"往往成为争论的焦点。在分配正义方面，更是百家争鸣。

■ 税金的用法

纳税方式也属于分配问题，也会引起争议，我在前文中提到过这一点（见专栏 9）。税金在使用方法上存在一些问题，让我们一起看看例子吧。就道路建设来说，这件事显然"对大家都有用"。同时，税金也会被用在未必人人都能获益的事情上。对低收入群体的生活保障之类的补助就是其中之一。花的钱是从大家手里收来的，但受保护的就只有那么一小部分人。这样的话，还称得上公平正义吗？

对此有以下几种解释：

其一，向因残疾丧失工作能力的人提供生活费，这个人丧失工作能力不能怪他本人，大家有共同照顾的责任。

其二，如果不提供这种保障，那么有人丰衣足食，而有人甚至连基本生活都保障不了，社会将因此失衡。

而且，就算我们现在身体健康，不知道哪天就会因故致残，需要依赖生活保障制度过活，要是没有这种所谓的“安全网”（保障措施），说不定我们自己也会在未来某一天尝到走投无路的滋味。

所以，保障措施乍一看似乎是为了一小部分人，但实际上对每个人来说都不可或缺，这也算**防御型伦理**的范畴。

■ 积极平权行动

该行动与全社会息息相关，看起来又充满了正义的气息，可以认定一点，它属于**进攻型伦理**。英语中被称为“Affirmative Action”，日语中则被称为“积极平权行动”。

举个例子，迄今为止，在男性主导的社会中，女性一直处于劣势。那我们该怎么做才能改变这种情况，让两性达到恰当的平衡呢？比如政府机关和企业在招聘雇员时，必须平等对待每一个人。但仅凭这些还远远不够。这种不平衡积累至今，仅凭这一点举措根本无法改变。于是有观点认为，必须积极地给予弱势人群特殊照顾。这就是所谓的积极平权行动。也就是说，在能力与实际成果相同的情况下，采取优先录取女性的措施。

■ 积极的正义

为消除至今积累的不平等、不平衡，诞生了积极平权行动，从这一点来看，它也称得上是正义的一种，对比其他种类的正义，也能看出它更为主动，甚至超越了正义的范畴。而且，我们在前文（见第 20 章第 1 节）提到的功利主义也是如此，在社会中积极出击，反而可能导致社会失衡。所以哪怕要进行积极平权行动，也必须在必要的情况下谨慎进行。但也不能因此放弃修正，否则公平永远也无法到来，毕竟光是取得平衡就已经困难重重了。

4. 上帝的正义、人类的正义

■ 完全正义

在思考“正义存在与否”之际，越是认真思考的人，越是倾向于“正义什么的根本不存在”（见第 5 章第 3 节）这一观点。或许，这类人会让其他人觉得很不舒服，《死亡笔记》中的夜神月不就是这种人吗？

在某些情况下，伤害或杀害他人并不会受到惩罚：证据不足无法起诉，罪犯畏罪潜逃，等等。而且，就算有的罪犯站上法庭接受审判，可能也会令人觉得这种惩罚太轻了。这也是夜神月使用死亡笔记本的原因。

我们试图找到准确的平衡点，并为之不懈奋斗。但人类的力量是有限的。如果“一旦犯罪，无论罪责大小一律受罚”，我觉得道理虽浅显易懂，但实际上我们在正常生活中也很有可能在不经意间就犯了罪。或者说，包括轻罪和重罪在内，半点违法行为都没有的人所占的比例恐怕接近于零。

举个例子，有人说：“我认为只要杀了人，就得一律判处死刑。”如果严格思考“实现平衡”这一正义理念的话，乍一看这种做法似乎还不错。不过，“为了逃离长期霸凌自己的人，失控撞倒霸凌者，导致对方死亡”，与“没来由地讨厌对方，把对方活活折磨至死”，你们觉得这两种情况能相提并论吗？此外，如果用“杀人偿命”来取得平衡，那么“杀一个人就偿一次命，杀两个人就偿两次命”，道理大家都懂，但这绝对不可能实现。换言之，从原理上来讲，实现“完全正义”是不可能的。

就算杀掉杀人犯，受害者也回不来了。我曾在电视上看到受害者的母亲恳求道：“我自己怎么样都无所谓，请把我的孩子还给我！”这句话令人心如刀绞。在这种情况下，正义已经无能为力了。

■ 生而为人（以恶的意义看待）

即便受害者的母亲说：“我们没必要惩罚犯人。即使让犯人偿命，孩子也回不来了。”但从社会的角度来看，不对犯人进行惩罚是行不通的。不过，无论是犯罪，还是审判犯罪，无一不是由人类对人类发起的。它比严谨的科学实验还要复杂难懂。

话虽如此，科学家其实也很不容易，但在涉及人类的事情上，从最根本的意义来看，伦理确实比科学更加错综复杂。在民事诉讼中可以提出赔偿要求，可实际上受害者受到的伤害是无法用金钱来衡量的（多数情况下，提起损害赔偿诉讼的人比起金钱，更想要的是对方的道歉）。

更根本地说，有些犯罪者逃离了法律的审判，而一些从未有过任何违法行为、没有伤害过任何人的好人，却在苦海中一直挣扎，最后英年早逝。那么，我们该怎样回报安分守己、踏实对待生活、善待他人的人呢？给钱还是授予勋章呢？这么做能令这类人满意吗？如果罪犯从警察手中溜走，继续为非作歹，还能逍遥自在地活着，最后没有受到任何惩罚就死去，又该怎么办呢？用鞭子抽打他的尸体吗？又有什么意义呢？

与人类息息相关的事情，其复杂程度远超我们的想象。

■ 作为宗教漫画的《死亡笔记》

尽管如此，我们仍然期盼可以实现某种意义上的完美平衡。正因如此，从很久以前开始，人们为了实现这种绝对平衡，一直祈求神明的存在。他们设想出天堂与地狱，生前没有遭到报应或受到审判的人，死后会受到最终裁决。

没错，《死亡笔记》中夜神月想做的，正是实现这种**完全正义**。并且，只有“神”才能实现这一切，夜神月一心想成为神，他最令人印象深刻的一句台词就是：“我要成为新世界的神！”

从这个意义上来看，《死亡笔记》是一部带有宗教色彩的漫画。最后一幕在人们的祈祷中结束，从这一点也可以清楚地看出漫画中的宗教色彩。

■ 上帝的正义、人类的正义

照这样说来，当我们追求完全正义时，其实追求的是宗教性质的东西。有些人认为"'社会平衡'什么的过于单薄、不够完美"，可以说他们追求的或许是神的正义。

要是上帝真的存在，或许他能帮我们实现完全正义，但话说回来，本书考虑的是伦理学而非宗教。

总之，无论是对现实抱有疑问还是寻求问题的解决之道，抑或做出决断，都是人类自己的事。换言之，如果不依赖宗教，那么必定需要从伦理或政治中找到问题的解决之道。或许这种正义听起来略显单薄，但我们所探寻的正义，正是作为"人类的正义"不可或缺的东西。

专栏 10：宗教与经济

或许有人觉得经济和宗教毫不相关，实则这两者关系密切，是历史学、人类学等许多领域的专家早已深入探讨过的主题，在此不再赘述。不过，**神的正义**之类的说法真的靠得住吗？不依赖上帝的我们该如何在人类世界实现正义呢？尤其是，我们该如何才能更大范围地严格遵循正义呢？对此，我们找到了作为宗教代替品之一的**经济**，让我们看看这条路是否能走得通。

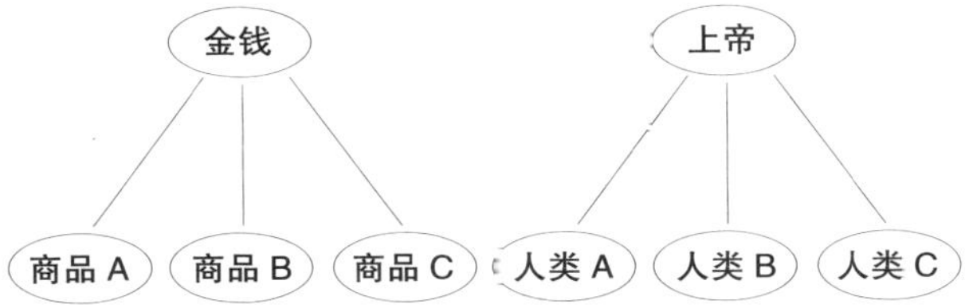

图 6　货币与一神论的同一性

简单来说，金钱相对其他所有商品处于绝对上位，以量来衡量所有商品的价值。这就相当于上帝（一神论中的神）站在我们所有人之上衡量人类的罪与罚。

但金钱和上帝也有不同的地方。神怜悯（爱）全人类，帮助有困难的人，四处惩处奸恶。换言之，上帝（如果存在的话）能够完美地实现分配正义和矫正正义。然而，金钱只涉及交换正义。经济学家说，经济会创造“均衡”，也就是“平衡”状态，但这不过是商品世界中的平衡，并非人类世界的平衡。而且，乍一看似乎是等价交换，但到头来还是贫富不均，产生了贫富差距。托马斯·皮凯蒂的著作《21 世纪资本》[①]（其实我认为《21 世纪资本论》的译名更适合，但在日文译本中选择译为《21 世纪资本》），明明内容晦涩，却意外成了一本畅销书。书中明确表示，民众浑浑噩噩地把贫富有别当成正常现象。因此，简单来说，经济体系拥有非常完善的结构，能够代替宗教履行部分职能。然而，由于它是人类世界的产物，所以必然存在局限性，无法起到分配和矫正的作用。

果然，仅靠一个原理来涵盖所有方面，除非是神，否则似乎是不可能的。在这本书中之所以考虑多个原理，也是出于这个原因。

① 中文书名为《21 世纪资本论》。——译者注

伦理学小道 10

全球化和正义

在课堂上，虽然人数不多，但也有一定数量的学生发出这种疑问："我现在起码不愁吃穿，但在世界其他角落还有人在极端贫困中挣扎，担心明天能不能活下去。我们难道就这样丢下那些人不管吗？"

这就涉及了正义问题和**分配**问题。这个问题看起来简单，实际上非常复杂。我们必须考虑整体上的资源总量，以及如何公平分配。哪怕单单考虑一个国家的问题都很困难，要是将全世界都纳入考虑范围的话，那可真让人吃不消。政治的一个作用就是以合乎正义的形式进行公平分配，但眼下我们仍然只能以国家为单位来考虑政治，世界政府还只是一个遥不可及的梦想。

交换正义也与社会整体结构，即货币挂钩，货币以国家为单位发行，还可以兑换成外币。所以交换，或者说经济活动，可以超越国与国的界限，形成所谓的全球化，也就是经济全球化。并非所有事物都能实现全球化。比如，政治和文化要实现全球化就难如登天。

不过，不能说"什么伦理学，在这个问题上还不是认输了"，其实这个问题早已得到广泛讨论。这就是所谓的**全球伦理**。其代表性的提倡者有辛格、玛莎·努斯鲍姆、涛慕思·博格等人。

第 21 章
个人层面的进攻型伦理

1. 面对自我的自由

■ 个人层面的进攻和防御

个人自由有两种，分别是积极自由和消极自由。积极自由属于**进攻型伦理**，消极自由属于**防御型伦理**。没错，就这么简单。

■ 积极出击谈何容易

保险起见，让我们回想一下，我们印象中个人层面属于进攻型的积极自由是什么？积极自由指“面对自我的自由”。我们刚出生时不过是一张白纸，在周围人的影响下逐渐长大成人，最终根据自我意愿决定自己今后的人生目标和一生的幸福。这就是**积极自由**，也就是**自律**。

然而，在其他情况下同样如此，对大家来说，消极伦理是普遍共识，是不可或缺的，所以消极伦理相对稳定。如果没有消极伦理，人们会陷入极大的困境。而积极伦理概念自诞生以来就不是作为大家共同确定的东西存在的，因为要自己采取积极主动的行动，所以具有不确定性。隶属于社会层面进攻型伦理的功利主义和积极平权行动是这样。周边关系中隶属于进攻型伦理的恋爱也是如此。而且，大家都知道，自律同样是说起来容易做起来难！

自由来之不易

我们每个人都想成为自己人生的主角，我觉得最好的办法就是通过自律找到自己的人生目标。通俗地说就是思考对自己而言什么是幸福。难就难在，即使我们想要去独立思考，但一不小心，就会被别人认为好的东西左右，或者在不知不觉中被他人的思想裹挟。

举个例子，在人们认为“幸福”的事情中，生孩子占了很大的比例吧？但正如前文所说（见第 20 章第 2 节），生孩子这事本质上应该由夫妻两个人决定。是否生孩子是自我决定、自律的问题。当然，光靠一个人是生不出孩子的，这并不完全是个人自律的问题。那可以说，这是夫妻两个人的自律问题。

但是，在殷切盼望着孩子降生的人里，并不见得每个人都真心认为“生孩子、养育孩子关系着自己一生的幸福”。其中也有人认为“平平淡淡才是真，什么都别管，我们过好二人世界就行了”。

说得更极端一些，甚至还有一些不孕不育的人在不知不觉中深受传统价值观的影响，认为“生孩子是所有人的义务”，被“不生孩子不行”这一想法折磨。

老实说，压根就没有什么“自己的事自己最清楚”这一说。

当局者迷，自己反而很难看清自我的意志、自我的欲望。

不过，在每个人寻找幸福的路上，能否看清自我都是最关键的一步。为了迈出这一步，在审视自我的同时，不要固执己见，试着回想一下自己是否长时间被同一件事束缚。这一点十分重要。

2. 不完全义务

■ 四种自由

对个人层面的伦理介绍已经结束了吗？自由的形态只有两种吗？

然而，正义在社会层面有三种形态，加上功利主义原则，总计四种；在周边关系中，正义也有四种形态。难道只有自由的形态是两种吗？不……并不是说数量非得一致。

自由还有一种概念。消极自由指“来自他人的自由”（不受外部干涉的自由）。而相对的积极自由指“面对自我的自由”。这样说来，就有外部与自己，“来自……的”与“对……的”两种区别。把它们组合起来，可以得到四种形态。总而言之，即：（1）来自他人的自由；（2）面对他人的自由；（3）面对自我的自由；（4）来自自我的自由。

啊！要是只找到其形态，无实质内容的话也毫无意义。此处新发现的“面对他人的自由”和“来自自我的自由”，我们能从中想到什么内容呢？

我们先从“来自他人的自由”着手吧！有言在先，这部分概念在伦理学里是重头戏。但我在这里先稍微卖个关子。

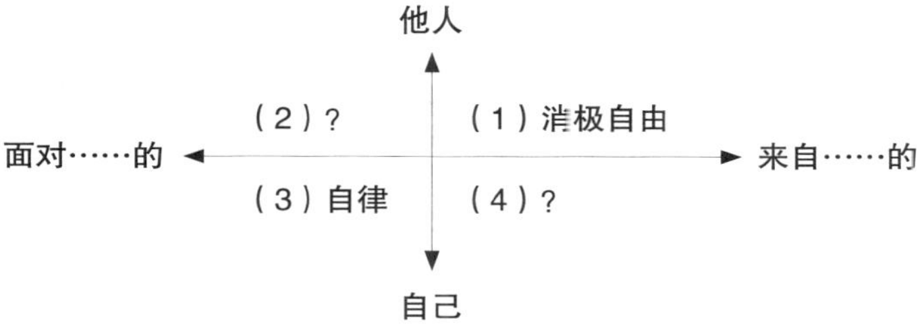

图 7　自由的四种类型

法律义务与道德义务

正如前文提到的（见第 18 章），似乎在有些人的印象中，伦理、道德近似法律，也有人觉得伦理、道德高于法律。法律在广义上属于伦理的一部分，相对而言，法律规定了“社会上何事不可为”，而伦理给人的印象是判定“何为善恶”。

换言之，法律是伦理中的消极部分。从广义的伦理中剥离法律，剩下的就是狭义的伦理，是伦理中的积极部分。相应地，我们还可以把义务区分成消极义务和积极义务。也就是区分成法律上的义务和（狭义的）道德上的义务。

这样想来，就能发现，我们一直说的**防御型伦理**对应法律义务，而进攻型伦理对应（狭义的）道德义务。

完全义务与不完全义务

法律上的义务是“不做某事就会获罪”，长久以来被称为**完全义务**。而“不做也不会受罚，但做了会更好”是道德上的义务，更像努力想要达到的目标。因为并不是每个人都必须遵守，所以被称为**不完全义务**。

举个例子，在日本，“禁止把垃圾扔在路边”属于完全义务。任何人都必须遵守，不遵守就会因“非法丢弃”而获罪。不过，“捡起别人丢弃的垃圾”就是不完全义务了。这代表着袖手旁观的人也不会受罚；反之，要是有人做了，就会受到“哇，做了一件好事啊”的夸赞，属于积极的行为。

虽然它是积极的，但“不完全”这个说法也许多少有点不符合大家心中的印象。完全义务规定了“不该做什么，该做什么”；与此相对，不完全义务不会规定我们“必须具体做什么”，所以被称为“不完全”。“不完全”并不意味着“不好”或“不足”，我觉得最好将不完全义务称为“**不确定义务**”。与此相对，将完全义务称为“**确定义务**”。我觉得这样称呼可以减少误会，虽然叫法不同于传统用语，但接下来就这么称呼吧！

善意

说到不确定义务，从日常生活的角度来说，与其说是义务，不如说特指对待他人时，行为是不是“善意”的（或称“善行”）。举个例子，帮老奶奶拿很重的东西，就是善行的一种。

能日常行善的人是“好人”，也可以说是“善良的人”。也许有人会觉得这和“义务”一词给人的印象相差甚远。“奶奶，我来帮您拿行李吧！”老奶奶回答：“太感谢你啦，你真是个好心人啊！”对此，要是你说“谢什么，这是我的义务”，不免会让人觉得有些奇怪。

怎么说呢，“这是身为人类必须做的”，从这一层意思来看，勉强能纳入“义务”的范围。但日语中“义务”这个词给人的感觉更接近法律义务、确定义务。虽然有点别扭，但是“对人善良的义务”这种说法，总让人觉得难以接受。

■ 行善为何成了不确定义务呢？

而且，不确定义务的范围并不明确。要是老奶奶提着看起来很重的东西过马路，上去帮她拿东西、扶她过马路，这是干了件好事。

但如果前面有个斜坡，帮忙把东西拿上斜坡是不是更好呢？不如顺便帮老奶奶把东西拿到家里吧？这也是干了件好事。帮都帮了，要不干脆出钱打车送老奶奶回家？要是真做到那种程度的话，就有点过头了吧。起码，我觉得这种做法已经超出了义务的范畴。那么，做到什么程度才是义务呢？

这就是不确定义务具有不确定性的原因。

■ 没有对应权利的义务

前文说过，义务与权利相互依存（见第 7 章）。确实，“让孩子接受教育”是一种义务，否则就是侵犯孩子的权利（在这种情况下，接受教育是孩子的权利）。换言之，在这种情况下必须做的事情就是确定义务，确定义务是和某个人的权利相对应的。与此相对，“帮老奶奶拿行李”之所以是一种不确定义务，是因为并不存在与之相对应的他人的权利（也就是老奶奶没有“让人帮忙拿行李的权利”）。

就算不做也不会侵犯对方的权利，所以从这种意义上来说“不做也可以”。但人们会觉得这难道不是“身为人类必须做的”吗？类似这种复杂的情况就属于不确定义务的范畴。

表 6　道德义务（广义）的分类

确定（完全）义务	不确定（不完全）义务
法律义务	（狭义的）道德义务
附带权利	不附带权利
分内之事	做了即善
不做会受到法律制裁	不做也不会受到法律制裁

伦理学小道 11

全球正义观

这是“伦理学小道 10”的后续内容。

虽然在这里无法详细探讨全球伦理，但让我们先稍微了解一下托马斯·博格的观点吧。博格是罗尔斯（见伦理学小道 7）的学生，在继承罗尔斯思想的同时，进一步发扬了老师的思想。罗尔斯主张如果国家中有人生活困苦，那就应该对其施以援手，这才是正义（这一观点以往就存在，但罗尔斯想要更加严谨地论证这一点），而博格认为不应该只在一个国家的范围内考虑这一点，应该把所有国家都纳入到考虑范围内。这就是所谓的全球正义，即**世界主义的正义**。

过去也有观点认为“对弱势群体施以援手是义务”，但我想很多人会觉得这种情况下的义务属于不确定义务（救济、捐款等）。不过，博格认为，即便与我们相隔万里，但只要有人在极端贫困下挣扎求生，这就是非正义的。消灭这种困境是最低限度的正义，更是我们应尽的**确定义务**。这一观念颠覆了传统认知，因此一时之间成为争论的焦点。但博格讨论的重点不在于单纯地主张“应该这么做”，而是致力于论证“实现的可能性”。虽然反对意见不断，但这无疑是一个值得我们思考的议题。

3. 面对他人的自由

■ 不确定义务算义务吗？

似乎现代人更倾向于把问题明确化。老实说，不确定义务这种模棱两可的说法确实不招人喜欢。于是也有很多人认为，由法律来规定真正应该做的事情（即确定义务）不就行了吗？

如果这样，那以后法律规定的义务范围有可能无端扩大，最终可能会出现这样的人：他们认为如果是法律没有规定的事情（也就是不确定义务），那就可以不做。

这样一来，社会将变得一点儿人情味儿都没有。拿刚才的例子来说，我不认为老奶奶有“让别人帮忙拿东西的权利”，如果对着抱怨东西太沉的老奶奶说：“你没有权利让别人帮你拿东西，我也没有义务帮你。”那么与其说这样显得小气，不如说“大可没必要这样说”。

这种事不做也不会受罚，但如果大家都抱着“就算别人没有权利要求我做，但能做就帮忙做”的想法，想必彼此都会轻松很多吧。

■ 康德的义务论

但是，就算如此，也会招致其他方面的不满。“不对，不应该说没必要助人为乐。帮助他人这种事，与其说是一种义务，不如说是作为人的分内之事……”虽然能理解这种感觉，但正因为是作为人的分内之事，所以算是义务吗？“啊，不对，义务什么的，不是说要强迫别人去做一些事，而是别人要心甘情愿地去做……”

没错，在听到“义务”一词时，似乎很多人会有种“被迫去做”的感觉，但不确定义务的实质可以归纳为“善意”，所以只要按自我意愿善待别人就足够了。

说起伦理学的传奇人物康德，他的严谨性名声在外。甚至因此流传着一个传说，据说康德连散步时间都是固定的，所以街坊邻居会根据康德经过自家门口的时间来校准时钟。康德就是义务论的倡导者之一。

但时常遭人误解的是，康德所说的“义务”不是“不做也得做”这种居高临下的命令式的义务（也许会被研究康德思想的学者批评，但我还是要说），而是带着“这是好事，所以我要做”这种当仁不让的气魄的义务。

康德把义务与行为间的关系分为三种。第一种是“违反义务的行为”，这种当然是禁止做的事。第二种是“遵守义务的行为”，乍一看似乎没什么问题，但要单纯地说这就是积极行善的话并不对，这实则是我们的分内之事。遵纪守法同样是我们的分内之事。第三种是“出自义务的行为”，这不只是出自责任心，更是一种带着“就决定这么做”的心态心甘情愿地去做的感觉。康德认为，（从狭义上来说）只有第三种是道德的。这是一种十分苛刻的观点，但这种苛刻不是受人所迫，而是对待自己的苛刻。只有自己觉得“想做、有必要做”才是有道德意义的义务。

面对他人的自由

康德在思考道德的意义时用了“义务”一词，导致我们有些难以理解。老实说，我觉得可以把话说得更简单些。那就是不要从“义务”的角度切入，而是从“自由”的角度去考虑。

所谓的不确定义务，虽然有“义务”二字，且作为“义务”有其存在的理由，但我们也可以把它看作“自由”的一部分。特别是考虑到日语中“义务”往往伴随着“强制性、不做也得做”的语感，索性把“义务”看作“自由”的一部分可能会更加贴切。

并且，这种自由指的是自我在面对他人时的自由，这一节开 头我们看到的“面对他人的自由”的本质就是这个。从我们到目前为止所探讨的内容可以知道，这既不是法律层面的东西，也不属于防御型伦理。“敢于行善”是积极的，自然属于**进攻型伦理**。

虽然行善是自由的，但行善的出发点不能是为自己谋取利益。我们要通过行善，给自己周围的人带去富足。如果大家都能这样做，社会将因此变得更美好。

麻烦的自由

老实说，我觉得世界如果真能变成那样就好了。

当然，实现这一理想很难。而且，还有一个不得不跨越的障碍，即哪怕自己就是在为他人着想，但从对方的角度来看，这也未必是件好事。其实我觉得“为对方做点什么”的观念在现代并不受欢迎。在某些情况下，对方可能并不觉得这是一种善意，甚至可能会把这种善意视为多管闲事。我们并非不想善待别人，可心里总觉得“哪怕自己觉得自己充满善意，也不知道对方会不会接受自己的善意”，所以就连向对方释放一点善意就得鼓起很大的勇气。

举个例子，你想要鼓励一下情绪低落的部下，跟他搭话：“川本君，今天一起去吃顿饭吗？”川本君也许会回答：“不了，您太客气啦！”然而，等对方回到家后，可能会在社交平台上控诉：“上司逼我做我讨厌的事，这是职场霸凌！”一想到会发生这种事，为别人着想时便不得不三思而后行了。

所以，我们在表达善意时应该稍微多下点功夫。其实我们早就尝试过在公共交通工具上贴上孕妇优先等标识，便于人们乘车时让座，甚至尝试用智能手机把生活困苦之人的事推送给附近居民。这样一来，好心人也能顺利做成好事了。

4. 来自自我的自由

■ 超义务

当我们考虑面对他人的自由时，其实质是不确定义务。可实际上，在不确定义务中，有时也会把“做了就非常了不起”的行为特别称为**超义务**。这种行为显然超越了普通的义务。超义务并不是“必须履行的义务”，而是在很大程度上属于“可以不做”的范畴。但也不是“做不做都无所谓”，而是“做了就非常了不起”。所以，他人不但不会抱怨“你不帮我可就糟了”（不做也不会侵犯他人的权利），反而会在你帮忙后高兴得哭出来，觉得你帮大忙了。

具体来说，这就是所谓的志愿者所做的事情。还有更扣人心弦的情况，比如“不顾自己安危，救了溺水的孩子”。这种善行还会作为一则美谈登上报纸，人人称赞不已。这就是所谓的“自我牺牲”（《海贼王》的故事无疑是自香克斯自我牺牲后开始的）。

可是，最近自我牺牲行为的口碑一落千丈。如果放在以前，自我牺牲可是被视为“好事”的，但在现代社会，自我牺牲在某种意义上是不受欢迎的。

■ 自我牺牲否定论

一种观点是，不管怎么说，反正不能牺牲自己。确切地说，有些人担心“如果赞扬自我牺牲，宣扬这种行为在道德上的崇高，或许会发生强制别人去牺牲的事”。特别是在第二次世界大战前，日本曾经推行过类似“克己奉公”“为国家捐躯”的教育。于是，有些教育工作者有了厌恶这种“自我牺牲”的倾向，觉得“不愿再把孩子们引入歧途”。

我也觉得这种逼迫别人牺牲自己的行为糟糕透顶。但如果作为自己的自由、自发的行为，哪怕最后牺牲了自己，要是有人因此而获得帮助，我觉得仍然能称得上是好事一桩。以上是我的个人观点（为了避免落入强制牺牲的陷阱，我们必须先弄清楚，这不是义务，这完全取决于个人的选择）。不过，还有一种“自我牺牲否定论”，在上一节也提到过。这类观点认为“不知道对方是否需要帮助，哪怕真的为对方着想，其实可能是在给对方添乱”。当然，确实存在一些善意不被需要的情况，但我觉得应该接受这样的善意。也有人担心“如果接受了，会不会被要求‘你要懂得感恩’呢”。这种心情可以理解，但那样一来，讨论的对象就不再是“自我牺牲”了，也不是超义务或不确定义务。

另一种自我牺牲否定论

不过，还有一种“自我牺牲否定论”。这种论调是“哼，就是想讨好别人才这么做的吧”。尽管有很多学生参加志愿者活动，但也因此出现了一些声音：“志愿者只不过是为了自我满足，一群伪善者”（应该说，这种声音相当多）。

这种想法也不是不能理解。确实有些人因为种种原因才成为志愿者，比如“想受人夸奖”“可以写在简历上，对就业有帮助”等，当你看到这种情况，你或许也想说一句“这就是伪善”。但无论是为自我满足还是为谋取私利，只要能实际帮到别人（遇到地震时，确实有许多人受到帮助，他们对此心存感激），我觉得这就是名副其实的做善事！

由此，我们也能看出在当今社会行善的不易。

不求回报的爱

而且，还有一个与之密切相关的理由。这种自我牺牲的行为和态度，可以说是“不求回报的爱”。否定这种自我牺牲行为的人，当然也不会认可“不求回报的爱”。让我们稍微开动一下脑筋！

我们认为“爱”是周边关系的基础，而且爱是相互的，但不求回报的爱与此不同。这种爱不仅给予身边的人，而且给予所有人；更不是相互的，而是单方面付出的。说起“不求回报的爱”，很多人会想起特蕾莎修女。她真是一个了不起的人！她做了我们这些人根本做不到的事。然而，哪怕是特蕾莎修女，也不可能帮助所有人。如前文所述（见第 9 章第 1 节、第 14 章第 2 节），因为人类的存在是有限的，所以爱也是有限的。因此，我们认为爱是封闭的，它是周边关系的基础。实际上，特蕾莎修女作为人类，她活动的时间和场所也是有限的，所以没办法同时为世界上所有人贡献自己的力量。

但特蕾莎修女超越了周边关系的范围，一视同仁地对待所有人，牺牲自己也在所不惜，只为帮助每个人。超越了周边关系的范围？而且，一视同仁地对待每个人？按我们的分类来说，这属于正义的范畴。可特蕾莎修女展现出来的又不同于正义，是一种亲近每个人的无私态度。这是一种理想的状态，无视了一直以来伦理基本原则之间的差异。不管是正义、爱，还是周边关系，又或是为了全人类的利益，她无私的态度突破了以上所有差异的桎梏。

这意味着什么？特蕾莎修女为什么会做出这么超乎寻常的事？答案很简单，特蕾莎修女的所作所为完全不是从伦理层面出发的，而是完全超脱了伦理。她以耶稣基督为榜样，她的所作所为，与其说是伦理上的，不如说是具有宗教性质的。

而且，现代社会，特别是日本，对宗教非常反感。这也是自我牺牲、不求回报的爱在现代日本遭人厌恶的原因，或者说至少被认为是麻烦事的一个原因吧。

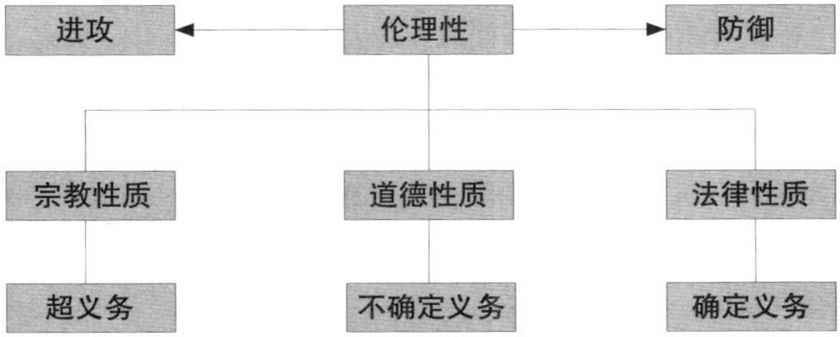

图 8　义务类型

来自自我的自由

超义务、自我牺牲、不求回报的爱，这些行为被公认为展现出了极高的道德水准。我在序章里写道："为何我们会被娜乌西卡的行为感动？"答案就在于此。娜乌西卡不顾自我安危，自己受伤了也要拯救他人。归根结底，这就是自我牺牲。她的所作所为最终将拯救整个世界。如果冷静看待，会觉得这种事在现实中根本不可能存在，简直就像是一个奇迹。正因如此，这种行为才深深地打动了我们。娜乌西卡的行为已经超出了正义等世俗的范畴。因此，很难从伦理学的角度去界定。

试着回想一下，在前文中（见第 21 章第 2 节）我们区分了四种自由，其中有“来自自我的自由”。

乍一看这个概念似乎很难成立。从自我中获得自由，是否意味着自我将要消失了？这究竟意味着什么？

老实说，我觉得我们或许可以这样理解：它的实质是超义务、自我牺牲、不求回报的爱。可是，与其说这属于伦理学的范畴，不如说这更接近哲学或宗教的范畴。

要达到这种极高的道德水准，无疑充满挑战，但就特蕾莎修女的情况而言，这种极高的道德水准在现实世界中确实存在。或许难以要求所有人都达到这一水准，但至少我们可以就这一问题多加思考。

此话一出，很多人会立刻说：“我压根儿做不到。”其实，我也没有把握能做到。

不过，也会有人说：“我认为那种自我牺牲压根儿不可能存在。人都是自私的。大概是我格局太小了吧。”坦白地说，确实是格局太小了……

也许会有人说：“老师不是也说‘我也没把握能做到’吗？这不也是格局小？”但这是两码事。我虽然没有把握能做到这一点，但也不会对别人指手画脚，认为别人也不可能做到这一点。断定“不可能存在这种事”的人，不就是想给自己找个借口吗？而且，把自己当成基准，以己度人，认为他人和自己一样，这种人不仅格局小，还很喜欢强人所难吧？

专栏 11：道元名言："曰修佛者……"

伦理中的"无私"相当于哲学中的"超然"，用禅宗的话来说就是"空"，用老庄的话来说就是"坐忘"，各种说法五花八门。当然，只是每种说法的表现形式不一样罢了。

在此介绍其中一个例子。

道元是禅宗支派曹洞宗在日本的开山鼻祖，不仅佛教的造诣极高，要是提到近代之前的日本哲学家的话，他也算得上是首屈一指的人物，可见他在哲学思想上的境界。而道元的代表作《正法眼藏》里有句名言：

曰修佛者，乃修自己。曰修自己者，乃自己和谐。自己和谐乃证万法。证万法乃脱落自己之身心与他己之身心。

"曰修自己者，乃自己和谐"确实是振聋发聩、令人印象深刻的名言警句。或许，这句话揭示了"来自自我的自由"的奥秘吧！

第 22 章
复习总结

1. 伦理的基本原理与形态

■ 3×4，共计 12 种

我们从正义一直学到了自我牺牲，说不定伦理还有其他形态。但本书出现过的全都在这里啦。

表 7　伦理的基本和形态的总归纳

人际关系	基本原理	形态	进攻 or 防御	具体例子
社会	正义	矫正	防御	法律（刑事处罚）
		交换	防御	经济（买卖）
		分配	防御 / 进攻	政治 （预算分配、税款）
	功利性		防御 / 进攻	伤病员鉴别分类
亲密关系	爱	横向互补型	进攻	恋爱、夫妻
		纵向互补型	进攻 / 防御	亲情、师徒情
		横向共同型	进攻 / 防御	友情、社区
		纵向共同型	进攻	社团活动、公司

续表

人际关系	基本原理	形态	进攻 or 防御	具体例子
个人	自由	消极自由	防御	隐私权、 做错事的权利
		积极自由	进攻	个人幸福、 人生意义
		不确定义务	进攻	善待他人
		超义务	进攻	自我牺牲

■ 分阶段

3×4，共计 12 种。积极平权行动要是得加进去，它应该属于正义的一种，但与其说这一行动是一种想法或理念，倒不如说它属于一种做法或手段，所以我没有把它放进去。顾名思义，它是积极性质的。功利主义在某些方面虽然也近似一种手段，但由于它是伦理学内早就确立的重要观念，所以把它包含在内。

这样一来表格的内容就变得相当丰富了。使用时需注意三点。

正如前文所说（见第 15 章第 1 节），请分两个阶段来思考。基本原理可以分为三个领域，这是第一阶段。三个领域又可以分别细分为四部分，这是第二阶段。各个阶段仅有三个或四个部分，一目了然。相反，要是一开始就带着“从 12 个里挑哪个出来用比较好”的想法，我们就很难看清全局，而且还容易出差错。

据说要是在山上遇险的话，比起往山下走，向山顶走反而更能看清全貌。说得不错，由于想着早点回去，就赶忙往山下走，反而更容易走不出去。而在山顶可以看得更远。同理，假如我们迷失在伦理问题中，或许是因为我们把注意力都放在了具体情况上，此时如果我们暂时忍耐一下，从宏观角度看待问题，尝试从中寻找方向，说不定会更有收获呢！

2. 关于人际关系的忠告

■ 关系复合体

第一个需要注意的点，也是前文出现过的：看似单一的关系，其实既可以是两种关系以上的复合体，也可以是拥有多面性的同一种关系，而且这些关系本身也会发生变化。

首先我们来讨论关系复合体。用前文提到过的例子来说，家庭既是一个整体，也可以进行拆解。举个例子，一对夫妻和一个孩子组成的简单的三口之家，夫妻关系是**横向互补型**的，父子、母子关系是**纵向互补型**的。所以这个家庭的基本关系，就种类而言有两种，就数量而言有三个。如果有两个孩子的话，还得加上**横向共同型**。

这个例子里涉及的关系比较亲密，社会性更强的关系也是如此。以公司组织为例，我们可以在其中看到**纵向互补型**（上下级关系）和**横向共同型**（同事关系）。

所以，要是对某个问题茫然不解的话，尝试分开来看不失为一种方法。话说回来，如果无法分开考虑问题，那么问题就成了一团乱麻，更加让人一头雾水。

■ 关系的多面性

第二点是关系的多面性。换言之，即使是同样的两个人之间的关系，也会同时具有好几个侧面。

以医生与患者的关系为例，既有服务业中商家和顾客的一面，也有护理人员和被护理人员的一面。前者属于社会层面的**交换正义**，后者是**横向互补型**的关系。

夫妻或恋人，二人各自在对方身上找到了自己身上没有的重要的东西，这就是**横向互补型**的关系。但同样的这对伴侣说不定有着相同的爱好。要是爱好相同，夫妻、恋人有时也会呈现出**横向共同型**的关系，就像朋友一样。

因为人本身就是多面的，那么两个人之间的关系当然也具有多面性。如果不将这些问题分开思考的话，关系的本来面目就会变成一团乱麻，令人摸不着头脑。

■ 关系变化

第三点，与他人的关系也会发生变化。

举个例子，大学讲师与学生是非对称关系。但有些我教过的学生进入社会后，现在仍会与我来往，我们变成了朋友。咖啡店老板与顾客也可能在顾客经常去店里光顾后成为朋友。就前者而言，从纵向互补型转变成了**横向共同型**；就后者而言，则是从**交换**关系转变成了**横向共同型**关系。要是就《逃避》来说的话，就是从**交换**关系转变成了横向互补型关系（见第 16 章第 1 节）。

我们无一不是从既无自我意识也无个性的状态成长起来的，要是成长顺利的话最终会实现**自律**，这是发生在人类身上所有变化中最大的变化。随之而来的是，与他人的关系也会发生根本性的转变。

因此，在思考人际关系时，可不要一上来就断定“我们之间的关系会一直这样保持下去！”。必须打起十二分精神，用长远的眼光来看待。

3. 看得更广，灵活拿捏分寸

■ 想得更远

本书临近尾声了。我们的伦理学包罗万象，吸收了各种伦理学说的观点。说不定会被脚踏实地搞研究的伦理学家批评道：“你这偷窃别人研究精华的贼！”然而，与其说我们的目标是建立学术性的伦理学说，不如说我们的目标是着手建立涵盖人生的方方面面，而且真正能用于道德判断、解释人生和故事的伦理学。从这一点来说，我认为已经形成了相应的框架，大家怎么看呢？

学术伦理学更注重整体的统一性和论证的严密性。但正如我们之前看到的，仅依赖单一原理或过度追求严密性的方式，并不适用于实用性伦理学。

说不定有人会认为不严密不是什么好事，但这是伦理学的传统思想之一，被称为非严密主义，这是一种很不错的思考方式。

■ 再次强调“我才是自己人生的主角”

由于伦理学原理有好几个，所以课上经常会冒出这种问题——“哪个原理最重要呢？”然而不能一概而论，当然得具体情况具体分析（只是要注意一点，这并不意味着“怎么做决定都行”，因为做决定是需要**理由**的）。

话说回来，正因为情况不同问题也不同，所以我们才采取了复合原理主义。而且，正如我们反复看到的，伦理学给我们指明了原理，而原理的使用方法、做决定的理由，只能由我们每个人自行思考（见第 2 章第 4 节）。如果一早就规定好哪条原理放在第一位，那么人就成了奴隶或机器人。正因为做决定的人是自己，所以每个人才有了活着的意义。

总而言之，我们要重视这些原理存在的价值，思考如何取得整体上的平衡。可以说，用自己的方式设计自己的人生，这就是“我才是自己人生的主角”的真正含义。

■ 整体平衡

在做出决定时，关键在于要想得更远，取得平衡。

举个例子，政治必须是合乎正义的，但不能仅凭政治来决定一切，要是掌管政治的政治家违反伦理的话，那就麻烦大了。政治、经济和法律都很重要，可伦理不光包含正义。另外，“爱就是一切”这种说法多少也有点偏颇。虽然自由也很重要，但仅凭自由还无法构建伦理学原理。我们追求的伦理是上述所有条件的平衡。悲观地说，伦理的作用就是防止当中的任何一个方面失控，最终导致整体失衡。

因此，要是有人主张“……很重要”，请大家一定要擦亮眼睛判断，这种主张是否只看重一部分，而忽视了其他部分。例如，主张“家人很重要”并没有问题。不过，要是说“家人比什么都重要”，天平的两端就会开始出现倾斜；要是说“只有家人最重要”，那就该出问题啦。

主张“金钱很重要”同样没有错，但要是说“只有金钱最重要”，平衡将难以维持。要是说“对我来说，金钱是此生唯一重要的东西”，作为个人爱好自然可以理解，但不能把这种想法强加于人。

如果有人提了什么新奇有趣的主张，那么首先你得理解清楚那个人真正想说的是什么。理解之后，请试着从方才的一览表（表 7）里找到这个人所说的“重要”的东西。之后请尝试鉴别该主张是否走极端，是否有偏颇。

不用说，自己的主张也得好好鉴别。特别是在自己看来，自己的想法往往一点儿错都没有，正因如此，我们才更要审视一下自己的想法是否有所偏颇。

■ 靠自己创造自己的伦理学、自己的人生

我不想说本书的伦理学是唯一正确的。正如大家所看到的，我也无法果断对一些问题做出判断。关于整体框架，我觉得可能还有另外一种理解吧。

但我已经完成了自己的工作，调整和检查的工作移交到了你们手上。大家是不是觉得突然被我给推到前头了，没错，毕竟“我（我们每一个人）才是自己人生的主角”。

伦理学的作用就是在学习伦理学基础的同时，学会独立思考。我想大家都能走到这一步吧，所以这本书到这里也该结束啦。但这只是这本书的终点，大家的人生才刚刚开始。

读完这本书后，相信大家应该明白了“我才是自己人生的主角”并非一句空洞的宣传语，更不是“随便贴在居酒屋厕所里的简单口号”（见第 16 章第 2 节）。从现在开始，大家都得到了补充我们人生故事的材料（也就是这本书），接下来轮到大家实践“我才是主角”了（不过，在“我才是主角”故事中登场的配角和群众演员，也都是各自故事中的主角）。

那么，愿大家奋斗到底！

后记

专业的伦理学家必须解决棘手的伦理学问题并提出新学说。但对非专业人士来说，伦理学有助于其重新理解自己的生活方式。我抱着这种想法写下了这本书。

写作期间，我收到了沟口君的邮件，从学校毕业后，现已工作的沟口君应该可以算是我的“弟子”吧。沟口君在市政府工作，怀着“让当地居民过上更加丰富的生活”“为此牺牲自己也不要紧”的信念。或许大家会觉得这种说法太夸张啦，但沟口君就是这种人。虽然我的措辞夸张了些，但他做事的确非常认真。这样的他，上课时却固执己见，非说“正义不存在”。我想大家已经明白了吧，沟口君就是本书中多次提到的那种类型：过于较真，对正义无法实现的现状感到焦躁不安，把“正义不存在”挂在嘴边。

沟口君似乎被自己的正义感压得喘不过气来，我给他回复了一封邮件。就用这封邮件来代替“后记”吧！

在此之前，先说几句致辞。

首先，我要感谢阅读本书手稿，并给予反馈的各位：立命馆大学经济系的山本君、同校经营系的藤井君、同校研究生院的砂田君、神户大学研究生院的川本君，以及自由编辑小林薰老师。如果本书读起来稍微容易了一点，那肯定得归功于我的努力，但也离不开上述各位的帮助（嘿嘿）。

其次，我要感谢晶文社的安藤聪老师、松井智老师推进这本书的制作工作。通过与二位的交流，我想明白了自己想用这本书做些什么，实在是太感谢啦。

还有，我得趁现在赶紧把这本书献给我的父母，不然等到下一本书出版的时候他们都看不到了（虽然这么说不太好）。所以我要把这本书献给父亲平尾正春和母亲纪代子。在照顾生病的父母之际，承蒙各位叔叔阿姨（上野喜代一、佐和子、田中贵子等）的帮助，请恕我冒昧，在此致谢。如果没有身边这些人的帮助，我也不可能写出这样一本书。千恩万谢都不够！

最后，谢谢阅读到这里的各位读者。那再见啦，未来某个地方再相遇！

★★

沟口君，感谢你的来信。我忙得有点手忙脚乱啦，所以回复晚了。今天感冒出不了家门，正好给你写这封邮件。我现在正忙着写书，总觉得这本书是为了沟口君而写的。

我写的这本书和伦理学有关，我自己想了很久都不太明白“伦理学究竟为什么存在”，为了理解这个问题就着手写书啦。一般情况下，可以说“让人思考就是伦理学的作用”，但我想应该不仅如此。

写书的时候，我的脑子里突然冒出来一句话（或者说，我早就明白，但这次明白得更透彻了）：“人类的存在是有限的。”我们看到的每一个人，生命、理解力、集中力以及意志力等都是有限的。如果人类能拥有无限的生命，走到哪都能发展自身力量的话，也许就能去追求完美的理想，但那无疑是痴人说梦。

尽管现实很残酷，我们仍会追求理想！去追求理想的社会、纯粹的爱、完美的幸福。而且，这是我们不得不去做的事。如果没有理想，就没有动力朝理想的方向奋斗，要是全社会都“满足现状”，那就糟糕啦。

那么，该怎么做才好呢？答案是取得平衡。想改善社会、想帮助有困难的人、想要向她传达这份心意……想法不断膨胀，但我们能做的事终究有限。在这样的现实中，既要让自己好好活下去，珍惜身边的人，也不能忘记自己是社会的一员。伦理学的作用就是教导我们不要禁锢在一件事里，如何在各类事物中取得平衡才是最重要的。这就是我这次给你的回答。很简单，对吧？

我很喜欢沟口君你身上这股几乎能称得上是浪漫主义、理想主义的劲头，但我同样希望它不要起到反作用。虽然我们离得很远，但只要想到沟口君还是老样子，整天不知道在忙些什么（不好意思），只要一想到你还在努力，只要你还在那里，对我来说就是件值得高兴的事。

总觉得写得像封情书，要是有什么事，请再给我发邮件吧！

再会！

附录篇 1
伦理学的分支

第1章
伦理学概要

1. 伦理学的三大领域

■ 伦理学的内容

伦理学源远流长，迄今为止已然积淀了无数的知识。虽说我们是要制定属于自己的伦理学，但还是要借鉴那些积淀已久的知识。那么，让我们来瞧一瞧学术伦理学的成果，以便我们思考时可以拿来参考一二。

首先，简单介绍一下学术伦理学的概况。用一句话来概括，“伦理学”可以大致分为三类：规范伦理学、应用伦理学和元伦理学（或称形而上学伦理学）。

■ 规范伦理学

所谓伦理，是人类生存于世不可或缺的规矩或规则。我们把这种必须遵从的东西称为**规范**。

一般来说，大部分规范属于“伦理、道德”的范畴，但也有一些规范掺杂了非必要的东西。而规范伦理学的作用，就是剔除这些多余物，只提炼重点。换言之，其工作就是提取伦理的本源。伦理和道德必须是怎样的，怎样的伦理、道德规范是必不可少的呢？所谓的**规范伦理学**，就是讨论我们所需要的道德的本质，这也是伦理学的核心部分。

因此，一般来说，在说到“伦理学”时，指的就是规范伦理学。本书中进行的探讨也属于规范伦理学的范畴。

■ 应用伦理学

哪怕时代不断变迁，人类自身却没有多大变化。古代人的身高没有五米，那时的孩子也不是从蛋里蹦出来的。所以伦理的基本原则不论过去还是现在，其实相差无几。

随着时代的变迁，我们生活的环境发生了翻天覆地的变化。特别是近代以后，科学技术的发展对我们生活的环境产生了深远影响，但也有各种各样的伦理问题随之产生。应用伦理学将规范伦理学积淀下来的伦理学基本原则运用到这些问题上。根据应用领域的不同，衍生出了不同类型的**应用伦理学**。

举个例子，最初用于研究和利用自然的科学技术，最近开始适用于人类自身。所谓科学，就是把事物尽可能细分成最小的单位来进行研究。比方说机器损坏了，可以通过更换零部件来进行修理。同理，要是人类身体的某一个部分损坏了，为什么不把它换掉呢？这样一个由来已久的梦想，直到20世纪后半期才得以实现，那就是器官移植。此外，在生孩子（生殖）、延长寿命等方面，医疗技术的进步也令人惊叹不已。然而这些技术的发展也导致了种种问题。研究这些问题的是**生命伦理学**。

科学技术的发展当然也对自然环境造成了巨大影响，非常可惜的是，环境破坏问题也因此出现。于是形成了所谓的**环境伦理学**。

再加上近二三十年信息技术的突飞猛进，**信息伦理学**这一新兴领域也应运而生。

与规范伦理学不同，应用伦理学是诞生于现代的新兴领域。老实说，在我的学生时代还没有应用伦理学这门课，但如今它已经被纳入大学课程体系之中。

■ 元伦理学

规范伦理学奠定规范的基础，应用伦理学思考规范的应用。所以，也可以将这两者统称为规范伦理学。

不过，除了“该做什么”这类规范性问题之外，在伦理方面还有更根本的问题。

举个例子，在课堂上收到的学生评论中，会出现“正义是否存在”“我觉得正义根本不存在”之类的内容。要回答这个问题，必须先弄清楚“正义存在”这句话到底是什么意思。就算说“正义是存在的”，它和“笔是存在的”“太阳是存在的”意义也不相同。探讨这些问题的是**元伦理学**。

话虽如此，“正义是否存在”这样的问题，一般不太会成为一个问题。因为无论正义是否存在，正确的事和不正确的事都会照常发生。所以，就算不理睬“正义是否存在”之类的问题，伦理学依然存在。可还是有人很在意这个问题吧？其实，所谓的元伦理学就是秉着认真的态度探讨这种问题的学科［写下“正义是否存在”这种问题的人，实际上，他们在意的是“正义能否被客观地决断”，关于这一点请阅读正文（见第 5 章第 2 节）]。

“元伦理学”中的“元”英语为“meta”，“meta”源于希腊语，意思是“关于……”。因此，与其说元伦理学研究的是伦理学本身，倒不如说它是一门关于伦理和伦理学的学科。元伦理学并不研究规范自身和规范的本质（可以说，它研究的是更深层次的道德问题）。所以它不属于规范伦理学，而是非规范性伦理学的一种。如果只有规范伦理学才算正统伦理学的话，那么与其说元伦理学属于伦理学领域，倒不如说它是哲学的一部分。

那样的话，自然需要更加专业、细致的探讨。所以，哪怕在大学里，就元伦理学方面，也只有专门学习哲学和伦理学的人才会接触到这门课程，本书也未能详细提及（对我个人来说实属遗憾）。

■ 描述伦理学

顺便说一下**描述伦理学**。描述伦理学调查、记录世上被认为是伦理、道德规范的东西。它不考虑那些规范是不是我们真正需要的，它只做单纯的调查工作。所以描述伦理学也属于非规范性伦理学的一种。

虽然我觉得这个领域同样很重要，但伦理学的主流果然还是规范伦理学。描述伦理学在现代扮演的角色反倒更像社会学、人类学之类的学科。

表 8　伦理学分支

	大分类	小分类	学科范围
与伦理学相关的学科	规范性伦理学	规范伦理学	伦理学
		应用伦理学	
	非规范性伦理学	元伦理学	伦理学、哲学
		描述伦理学	社会学、人类学

2. 伦理学简史

■　规范伦理学的三种立场

那么，我们现在来谈谈规范伦理学中最重要的内容吧！

粗略来讲，规范伦理学有三种代表性观点——美德伦理、义务论、功利主义。就我个人来说，自然希望在表述方式上多下点功夫。毕竟，有“……的伦理”“……论”和“……主义”这些不同的表述方式。我本来希望全部统一成“……主义”或者“……论”的形式，不过还是算了。

在常见的伦理学教科书里，都以对这三者的说明为主要内容。它们确实是重中之重，但在最开始，它们并不是我们所追求的实用性伦理学。所以说到底，大家在这里只需要知道“还存在这样一种东西”就行了。不过，我的解释比较简单，所以可能会有不足之处，还请大家谅解。这三种立场将在稍后（见附录第Ⅳ章第 1、2 节）再次登场，敬请期待。

以苏格拉底为始，伦理学之滥觞

不过嘛，说起伦理学之滥觞，果然绕不开古希腊哲学家苏格拉底。因为他为伦理学的诞生创造了契机。

苏格拉底是个奇怪的大叔。他一本书都没写过，最后还被处以死刑。

他被指控的理由是“给年轻人带来恶劣影响，蔑视传统宗教”。确实，苏格拉底（明明是个不受欢迎的大叔）很受年轻人欢迎，他引导年轻人独立思考。于是他成了老古董们的眼中钉、肉中刺。老古董们害怕年轻人受苏格拉底的影响，说不定会推翻自己一直以来信奉的传统和宗教。

苏格拉底总是拉住一个人就问**“什么是好生活”**，这个问题对他来说很重要。要是人们给出中规中矩的答案，他会立刻反驳：“不对吧，这不奇怪吗？你看，这里有问题。”（真是令人讨厌的大叔啊。）而且，苏格拉底自己也没有给出答案（真是没有责任心的大叔）。当然，这也可以说是为了让大家自己思考答案。伦理学最大的作用是让大家学会独立思考，这也是自苏格拉底以来的传统。

由于苏格拉底死于死刑这种戏剧性的方式，因此即使苏格拉底本人已死，他提出的问题在他死后仍然具有影响力。指控苏格拉底的老古董们或许以为杀了苏格拉底就能平息事态，但结果适得其反。结局就是，苏格拉底与耶稣、孔子一同成为“人类的导师”。

美德伦理

苏格拉底之死令柏拉图深受打击，之后他开始独立思考。亚里士多德继承了他的思想，将其命名为“伦理学”，可以说亚里士多德是伦理学的开山祖师。这些古代人，基本上是从“好人/坏人”的角度来判断“善/恶”的。而所谓的“好人”，是指具有优秀品格的人。我们用“**美德**”（希腊语为“arete”）一词来称呼这种人类的优秀品格。因此，这类思想被称为**美德伦理学**。

现在“美德”这个词不太用了，导致我们不太容易感同身受，但如果按当下的感觉来形容，就是“善良的特质”或者“好的人品”。具体来说，就是“勇气”“慷慨”“克制”之类的品质。

义务论与功利主义

在中世纪的欧洲，基督教影响力巨大，政治、经济、法律，当然还有伦理，一切都扎根于基督教的土壤中，所以那个时代的伦理学并没有独立发展起来。

直到近代，宗教影响力逐渐衰退，这个世界的主角可算从上帝转向了人类。一方面在自然研究中诞生了科学，另一方面，在人类研究自我的过程中诞生了全新的伦理学。那就是以康德思想为代表的**义务论**和边沁创立的**功利主义**。

近代伦理学在科学诞生与发展的背景下形成，必然会受到科学的影响，这种影响主要体现为两种态度——为之着迷或板着一张脸。换言之，一种是“哇，科学真奇妙啊”，一种是“哼，科学有什么好的”。总之，由于看到了科学取得的巨大成功，所以为之着迷的**功利主义者**试图借鉴科学的思维方式，而板着脸的**义务论者**认为人类和伦理问题终究与自然和科学问题不同。

只不过，功利主义者和义务论者还是有共同点的，他们试图追随科学发现自然法则的脚步，谋求对道德法则的发掘。这与关注“人格”的古代伦理学有着天壤之别。

康德的思想之所以被称为义务论，是因为他用了“**义务**”一词来考虑道德的法则。康德认为，伦理与科学、人与自然截然不同。人要有身为人的尊严。因此，他认为义务对每个人都很重要。

边沁不同于康德，他觉得人类和动物一样，大家终究都是受快乐和痛苦支配的（这个观点虽然直白，却是没人能否认的法则），以此为出发点，提出了**功利性**的原理。

另外，义务论看重内心气质，而功利主义则看重结果，两者天差地别，甚至还能以对哪一观点有认同感来判断人的性格。

■ 问题是？

我们知道，在物理学中有四大基本作用力：引力、弱相互作用力、强相互作用力和电磁相互作用力。但我们仍未搞清楚这四种作用力的关系。于是物理学家们致力于研究能够统一解释这四种作用力的理论。

同样，在伦理学领域，我们也在研究能否构建一种统一理论，把迄今发现的三种立场汇总成一个整体。说不定这三种里有一种立场是最好的，或者说，有一种“超统一理论”可以将这三种立场统一起来。

还有一种思路。那就是取三者精华，组成一个整体，然后根据具体情况灵活运用。既然这本书考虑的是面向大众的实用性伦理学，那么我想，是不是“组合—灵活使用”的做法比较合适呢？这样的话，普通人也能将迄今伦理学提出的成果学以致用。要是按我们自己的方法去探索，说不定还能发现这三种立场以外的东西。

第 II 章
伦理学的邻居

■ 伦理学的邻居

我们先来看一看与伦理学相近的其他学科吧！

在处理人类心理问题方面，最主要的当数心理学。伦理是政治与经济的基础，所以跟经济学、政治学相连，同时还与人文学和社会学等社会科学息息相关。另外，人类也是生物，所以伦理学还涉及生物学，最近还和脑科学扯上了关系。

我尝试把这些学科都写下来，但这么一来篇幅就太长了（读起来也索然无味，在这些学科面前，我完全是个门外汉，无法给大家细说相关知识），所以索性删掉了。不过，关于伦理学相关学科大致的框架，还是要简单说一下。

■ 为社会、人文科学打下底子的伦理学

科学大致分为自然科学和研究人类的科学（社会科学、人文科学）。**数学**是自然科学的根基。数学不做实验，也不观察，是纯粹的理论。物理学等自然科学则通过实验和观察来收集数据，要想把数据转化成理论，就必然需要数学。

实际上，不论是自然科学的奠基者笛卡儿，还是近代物理学之父的牛顿，都是一流的数学家。与此类似，可以说**伦理学**

是经济学、政治学等社会科学以及心理学等人文科学的基础，可以在后文（见附录第Ⅲ章第 1 节）看到，伦理学不需要实验和观察就能构建起理论。经济学鼻祖亚当·斯密、社会学家格奥尔格·齐美尔、心理学开山祖师威廉·冯特和约翰·杜威等人，都是伦理学家或哲学家。

话说回来，大多数自然科学家都认可数学的基础地位，可在社会科学家和人文科学家中（大概）很多人都不认同伦理学的基础地位吧？

之所以这么说，是因为社会科学和人文科学眼看自然科学取得了巨大成功，所以产生了“想要靠近自然科学，哪怕脱离伦理学这个根源也在所不惜”的想法。当然，这是我的一家之言。因此，经济学非常注重数学，心理学则看重实验、观察。与此同时，它们都对伦理学避而不谈。

这么做的后果就是社会科学和人文科学在某些方面出现了偏差。因此，出现了如阿马蒂亚·森这样的经济学家和社会学家，想要把伦理学和经济学再次结合起来，也有如立岩真也这样正面谈及伦理的人，还有劳伦斯·科尔伯格等试图构建起连接伦理学和心理学桥梁的心理学家。

表 9 科学与其基础

基础学科	学科范围	学科名称
数学	自然科学	物理学、化学等
伦理学	社会科学、人文科学	经济学、政治学、法学、社会学、人类学、心理学等

法律与伦理两种规范

由于在社会学中，法律、伦理与道德三者关系非常密切，所以针对这一点要多说两句。

如果孩子违反了道德规范，做了不该做的事，先让孩子停手，该训斥的时候就训斥。但有些人长大后也会做这种事。要是干坏事的是大人，就算我们有心制止，说不定反而会受到伤害。出于这种原因，我们制定了法律这样的规则，即法律规范，并且运用像警察和法院这样的实际制度。

另外还有一种规范，我们搞不太清楚它的规则为何是这样制定的，也未必明确理由是否合理。这就是所谓的常识和礼法，我们称之为社会规范。

因此规范（大致来说）有三种类型。其中社会规范同传统、文化挂钩，但它既不是法律也不是道德，而是非常模糊的东西。与此相对，道德和法律越明确越好，所以它们是学科的研究对象。**法学**研究法律规范，**伦理学**则研究道德规范。

科学研究的是“事情的本质”，也就是**事实**。而伦理学和法学不同，它们研究的是规范，所以被称为规范学（另一种重要的规范学是逻辑学）。

不过，哪怕同样叫**规范**，道德和法律却有着截然不同的特性。

■　法律与道德的区别

第一点，法律是明确的。法律被写进了法律文件（**成文法**），就算被警察抓了，狡辩“我是一个法盲，不知道法律规定”，警察也会回答道：“不知道也别想走，这里可是写得清清楚楚！”

第二点，如果触犯法律，即构成“违法”，根据情节不同，受到的惩罚也会有所不同。“如果不想受到法律的制裁，就必须遵纪守法”，这就是法律的**强制性**。

第三点，法律的特点是通过一定的程序来立法（**实定法**，又称人为法）。有人会说：“以前的国王不就随意制定法律吗？”不过，就算是国王，制定法律也得告知大家。可能看起来不太像走程序，但事先通知（出告示）也是程序的一种，要是不走程序，法律就无法生效。在日本，国会议员作为日本民众的代表，通过多数表决来制定法律，这也是程序的一种。

因此，法律规范的特征是通过一系列程序来制定、以文本形式存在，以及具有惩罚条例（但并不是所有法律都是这样）。与此相对，道德规范既不通过程序制定，也未形成文本，更不存在什么惩罚条例。说不定有人会想：“这也太不靠谱了！”事实上，经常有人这样评论："那样的话，道德不就一点儿意义都没有了吗？"

■ 依法严惩……

并非因为法律禁止才不能做，而是道德上不容许。所以，无论法律有没有规定，只要理由充分，不许做的事情说破了天也不许做，必须做的事情容不得你不做。这就是道德规范。伦理学的任务就是探讨道德规范是否有正当的**理由**，如果找不到理由，那就剔除某个规范，如果理由充分，那就对该规范的内涵进行诠释（见第2章）。

相反，法律是通过**程序**来制定的，可以说，哪怕理由不合理，仅凭程序强行推动立法也是有可能的。古代的暴君中就冒出过这种人，哪怕放眼现在，有些人一旦掌握权力，就不顾国民反对，强行制定给自己大开方便之门的法律。所以有时也会出台不正确的法律。为了批判这种法律的"荒谬"，就必须派道德登场了。

不用说，设定程序本来是为了把错误扼杀在摇篮里，但也会有人产生误解，觉得"只要有了程序就能万无一失"，反而本末倒置。而且，还有人会说"只要法律没有禁止，做什么都可以"。这种想法十分狭隘（古罗马时期就有这样一句格言，"法律是最低限度的道德"）！有许多不能做的事（包括坏事）都没有写进法律。（无论怎么从法律角度阐释"性骚扰罪不存在，法律上没有规定"，都不能改变性骚扰行为本身就是犯罪这一事实。为什么这么说？因为性骚扰就是**坏事**！）

政治家和官员犯错误时常常辩解说“会依法严肃推进问题处理”等。但我们想问的**不仅**是“你们有没有遵纪守法”——遵纪守法不是理所当然的吗？为自己遵守了法律而自鸣得意的话，未免对自己要求太低了。我们更想知道的是“你身为一个人是否尽到了自己的本分”。

表 10　种种规范

规范种类	特征	例子	学科
道德规范	需要合理的理由	道德	伦理学
法律规范	走程序来决定、有强制力、违反者将受到法律制裁	法律、团体规定（校规等）	法学
社会规范	传统与文化、根据习俗	常识、礼法	社会学、人类学

■　各自的优点与缺点

这样看来，道德与法律各有各的优点和缺点。最后，让我再举一个例子吧。

法律是成文法形态。所以，制定的法律条文是明确且细致的。这是什么意思呢？ 就是如果条文无具体指向性，就不会成为法律。但是，就算有具体指向性，也不可避免地会出现漏洞。举个例子，请大家回想一下“合成毒品”的问题。法律规定

“这个药品是禁止的”，坏人说：“行，那就别做这个了，我们做别的吧。”“这个新药也是禁止的。”“那好吧，再换别的。”……这样下去会没完没了的。

如果把必要的事全写进法律，那就需要无数精细的法律条文。而且，光是现有的法律就已经十分复杂了，都到这个份上了，法律仍不够完善，必然还会存在弱点，让有心人钻法律空子。所以，为避免出现这种麻烦，人人都得守住伦理的底线。

但很可惜，有些人明知不可为，却偏要为之。所以我们不仅需要道德，还需要强有力的法律。

伦理学小道 12

伦理因文化而异？（相对主义的问题）

从人类学和社会学角度来看，人们对与自己生活方式截然不同、文化也不尽相同的地方充满了恐惧。

举个例子，在有些地方的饮食文化中蟑螂和蝉是美食，其他国家的人也会被日本的饮食文化吓一跳："日本人竟然吃生鸡蛋！"当谈论食物时，一句"萝卜白菜，各有所爱"就可以解释所有的问题，但也存在一些会刺激我们伦理感的文化差异。日本现今实行一夫一妻制，但也存在过一夫多妻制的文化，过去有些地方甚至会将妻子和女儿献给远道而来的客人一起过夜。

因此，就诞生了这种观点——"道德和伦理因时代和文化的不同而各不相同，不存在普遍的道德标准"。这就是所谓的**文化相对主义**。但坦白说，这个说法不太正确。

社会学和人类学本身并不涉及价值判断，而是注重对事实的研究。研究结果表明，"人们对伦理、道德的感受和信仰因文化而异"。确实如此。但这只不过揭露了一个事实，即人们所相信的自以为是道德和伦理的东西，在表面上存在差异。这不是理所当然的嘛。我们无法通过这一点得出所谓的"不存在普遍的道德标准”这一有关价值观真相的结论（而且，“不存在普遍的价值观”这一主张本身就是特定的价值观）。

啊，在英国还诞生过“地平协会”呢，该协会的人坚信“地球是平的”。可能大家不敢相信还有这种协会存在，这确实是事实。当然，我们坚信“地球是球形的”。这样的话，这里刚好可以套用社会学家、人类学家的推论：“在地球是什么形状的问题上，不存在普遍真理！”这难道不奇怪吗？就因为人们相信的东西不同，就立马得出结论说“真相不存在”，实在是驴唇不对马嘴。

但仅凭这一点，也无法证明“存在普遍的道德标准”。所以就得试着更深入地调查看上去奇怪的风俗和文化。凭良心做事的社会学家，与不抱偏见的人类学家就是这么做的。

这么说来，虽然看上去奇怪，但其实大部分风俗与文化，我们是能理解其中的**缘由**的（比如，第 17 章第 2 节中说明了一夫多妻的问题）。考虑到这一点，我们会发现，那些风俗文化什么的其实也没那么奇怪。倒不如说，只要深入研究就能发现，无论地域相隔多远，无论时代如何变迁，有些道德标准亘古不变（也就是第 2 章第 4 节中名为“伦理与伦理原理”的内容）。

当然，确认“存在各种不同的文化”这一**事实**，正是这种相对主义思想产生的根源，这一点是非常重要的。这是因为，比起认为自己的想法是绝对真理，只承认自己民族风俗、文化的**民族中心主义者**，另一边的文化相对主义者承认“世界上存在各种不同的文化”，认可其他文化。要说互相包容的话，那肯定是文化相对主义更胜一筹。

我也不想说“我主张的事都是正确的，是真理”，要是真这么说，就成了一个独断主义者啦。相反，我认为人类常常犯错，当然，我也经常犯错。但有些时候我确实是“经过思考得出了这样的结论”，正因如此，我才想问大家：“对于这个结论，你们怎么看呢？”对我在课堂上说的话，有的学生会提出异议：“我觉得这一点您说错了。”我非常欢迎大家提出不同意见。对于这些意见，我有时会觉得“是你想得不够充分吧”；有时十分认可，觉得“说得很有道理”。而且，如果认可学生意见的话，我会说：“原来如此！虽然我自己想错了，但是多亏你，我学到了一个新知识！”我希望和大家一起分享这份喜悦。

附录篇 2
伦理学的方法

第Ⅲ章
伦理学的方法

1. 汇总

■ 伦理学家如何进行研究？

要是（大致）了解了伦理、道德和伦理学是怎样的，且为什么不可或缺，那么接下来该在意的问题就是“伦理学是如何进行研究的”。事实上，随着课程推进，伦理学的实质逐渐展现在我们眼前，同时对其的理解也会不断加深，但“研究是怎样进行的呢”的疑问也在不断增多。

我觉得很多人之所以特别在意这一点，大概是因为我们熟知的学术方法都更偏向于科学。换言之，就科学方面而言，我们使用的是熟悉的实验和观察这一套方法。但在伦理学上，举个例子，研究“不能杀人”之类的事，实验是万万不能做的。要是真做了实验就完啦。那我们该怎么研究才好呢？的确，大家都很在意这一点，要是研究的方法靠不住，得出的结论也不可信。

因此，让我们先看看浅显易懂的基本方法吧（虽说不是那么专业）。

■ 基本方法

简单来说，归纳并且整理被视为道德的各种价值观，这就是基本方法。经过整理，伦理学家可以发现这些价值观已然成为一种规则。换言之，这些规则就是道德规范。进一步归纳的话，最后得出的东西就是伦理的基本原理。这样一来，以后就能在此基础上判断各种规范是否恰当并给出理由。

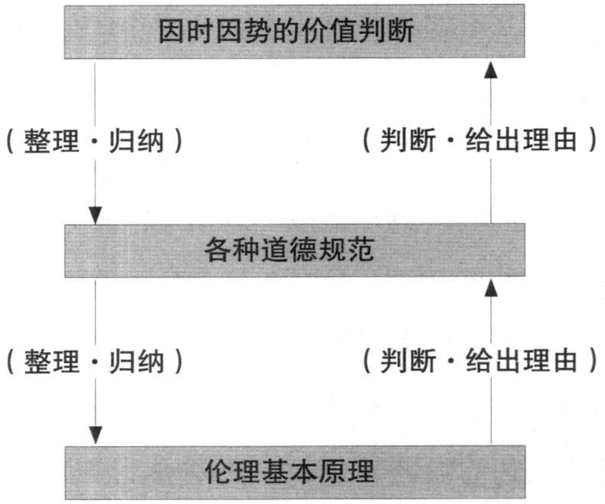

图 9　伦理学方法一览表

■ 从价值观到规范

研究的出发点其实是我们在什么情况下做出怎样的价值判断。

我们会对不同的情况做出不同的价值判断，比如那是“善”

还是“恶”，又或者“那样做是对的”等。假如我们看到一个孩子在欺负另一个孩子，就会训斥道：“不许这么做！”

在这种情况下，我们根据实际看到的具体行为来做出判断。然而，你能每次对每种行为都逐一做出判断吗？倒不如说，我们会习惯性地认为“这种事不该做，那种事应该做”吧？因为，如果每件事都得因时因势进行判断的话，实在是劳神又费力，说不定还会出现偏差。

换言之，在我们说“禁止做这种事”时，事实上“这种事”已经脱离个别行为的范畴，应该将其归为“这类行为”。

与其说此处是单纯的价值观，倒不如说是支撑该判断的价值方面的系统性观点。

■　摆脱规则！

自古以来，人类便不断传授这些规范，从大人到孩子，代代相传。在漫长的历史中，形成了各种各样的习惯、规则、法律等。但也正因如此，有了各种各样的规则，而且数量非常多。中岛美嘉有一张专辑名为《摆脱规则！》（No More Rules!）意思是“规则多得不行，我们已经不需要规则了”！

■　从规范到基本原理

把每一种行为都思考一遍肯定是来不及的，所以规则必不可少。但规则过于庞杂，所以比起个别规则，倒不如说该称之为“规则的规则”（元规则）比较好。这是道德与伦理的基本原理。

伦理学家会细致地划分“规则”“原则”“原理”。但在这里，我们更笼统地做一个区分：一般所说的各种规范，也就是被称为“伦理”或“道德”的东西，以及在它们背后支撑它们的“伦理原理”或“伦理基础”。

比方说，“不能用刀子扎人”。但如果只有这一条规则，可能会演变成:“那么，用冰锥扎人怎么样?”可问题的关键是“不管用什么，都不能拿来扎人”。然而，“不能扎人”只是其中一条，还有“不能掀女孩的裙子”“不能打其他孩子”，以及“不能踢其他孩子”。还有许多其他规则，就不再列举了。“懂了懂了，意思是‘不要伤害他人’，对吧?”没错!

同样地，“不能弄坏其他孩子的书包”“不能弄坏其他孩子的玩具”“不能弄破其他孩子的衣服”……总而言之可以归纳为“不能损坏他人的东西”。进一步归纳这两点，得出的结论就是“不能侵犯他人的权利”。就这样，我们可以发现开头看起来数不胜数的价值观，最后被提炼成了几条规则，然后进一步被归纳成极少数规则，也就是伦理原理。

用作理由的原理

通过这种方法发现的伦理原理，支撑起了“不能……”“应该……”等道德规范和当下判断对错的**理由**。此外，还能基于这些原理判断各类道德规范和价值观是否正确。

正如前文所说，这些基本原理是抽象的，但正因如此才更便于利用，过于具体反而会引发问题（见第 2 章第 4 节）。

2. 从原理上思考

■ “归纳”方法的缺点 1——耗时费力！

就这样把能归纳的东西都归纳起来，称得上是伦理基本原理的东西就会现出原形。可这种方法存在两个缺点。

第一个缺点是太耗费精力了。归纳各种道德规范，说起来容易，实际做起来相当困难。这种方法由来已久（始自亚里士多德），近期有个叫简·雅各布斯的人也进行了尝试。

其实雅各布斯并非伦理学家。最初她以撰写城市规划相关书籍而扬名，步入晚年后，她深切地认识到我们的生活有多么依赖道德，于是她开始从非专业人士的角度思考伦理问题。

她泡在图书馆里，翻阅报纸、杂志、历史书等，并做了大量笔记，收集了许多在人群中口口相传的规范。不断汇总，最后归纳出大约三十条规范。比如“诚实”“勇敢”“忠诚”“尊重契约”等。但据雅各布斯说，光是走到这一步就用了十五年。十五年！了不起！

收集、归纳规范，这一工作的辛苦非常人能够体会。

■ “归纳”方法的缺点 2——应该在哪里停止?!

然而，归纳工作到这里还远远没有结束。当无数道德规范被归纳成三十条时，雅各布斯发现了一个奇怪的现象，历来受人重视的规范里包含了许多自相矛盾的东西。举个例子，既有“慷慨解囊”，又有“省吃俭用”。这两者怎么看都互相矛盾，无法并存。

这样就说不通了。说不通的东西是不得人心的。那该怎么办呢？有两个方法：其一，视其中一个为正确的道德规范，将其留下，然后舍弃另一个；其二，两者都保留。

雅各布斯用了第二个方法。这是因为，她觉得在她提炼出的道德规范中，既存在自相矛盾的一面，也有相互联动的一面。划分自相矛盾的部分，连接相互联动的部分，三十条规范就能清楚地分成两部分。

她认为，“诚实”“节俭”“尊重契约”等是商业上的重要道德，“忠实”“慷慨解囊”“勇敢”等是政府机关等金字塔形组织里的重要道德。她把这些道德归纳为两种原理，分别称之为“市场伦理”和“统治伦理”。

在经济市场上，自由个体相互交易，彼此处于平等的地位。与此相对，在组织中，基本是下级服从上级，有上下级之分，地位并不平等。但只有这样才能维持组织的稳固性，公司和政府机关就是最典型的例子（见第 13 章第 3 节、第 19 章第 4 节）。

这种归纳方法虽然很巧妙，但我们并不确定道德原理是否真的只有两种。雅各布斯极力主张“是两种，只有这两种”！但如果不止步于此，再往前推进一点，其实说不定有四种原理，也可能存在更多。或者再进一步归纳的话，说不定最终会将这两种原理合二为一（边沁和康德就是这么做的）。

所以，虽说“归纳之路漫漫”，但知道应该**在哪里停止**同样非常重要。

思维转换

于是又冒出了另一种方法。那就是先确定基本原理。这个方法与本章开头看到的“归纳”背道而驰。要是先定下原理，就不会在“归纳到什么程度”这个问题上感到困惑了。

特别是近代的康德和边沁，是“从基本原理出发”这一类型的代表人物。而且他们还是单一原理主义者，喜欢一条路走到黑。

那么，让我们结合“归纳”方法和“从基本原理出发”方法，思考适合我们自己的方法吧。

附录篇 3
伦理的基本原理

第Ⅳ章
过多过少

1. 基本原理只有一个？

■ 就边沁而言

让我们先从相对来说比较通俗易懂的边沁功利主义入手。

边沁在《道德与立法原理导论》一书的开头，就设下了一个通俗易懂的起点：“人类都追求愉快（喜悦、快乐），逃避不快（痛苦）。”伦理学家中的一些人（康德等）觉得，我们应该以纯粹的道德上的善为目标，“万万不能追求最终得到的利益”。但边沁认为，从人类自身最自然的欲望出发，将满足个人欲望视为至善没什么不好的。愉快是善，不快是恶。只要增进快乐，减少痛苦就可以了。这个观点非常好理解。

可是所谓善恶的前提是通过量化愉快或不快来理解的，本身就相当奇怪。但一旦接受了这个前提，这一切就可以通过计算来衡量。这就是所谓的快乐计算法。

基于这一观点，边沁提出了著名的“功利性原理”，即“最大多数人的最大幸福”。希望尽量多的人获得尽量多的幸福。这一原理果然通俗易懂。

反正幸福可以量化，那么加起来就能得出一个总和。把这个理论扩展至全社会——边沁看重的是全社会的快乐最大化。

该观点的优势是，从“人类都是趋乐避苦的”这一大多数人都能接受的前提出发，接下来理论就能顺畅无阻地推行下去。对于这一点，边沁胸有成竹地说：“这是唯一正确的原理。”

他说：“这个原理是谁都否定不了的，只有这个原理是完全正确的，胆敢反驳的话就来试试看吧！”一副气势汹汹的样子。

■ 功利主义的弱点

因此，边沁成为单一原理主义的代表。

功利主义至关重要的一点在于，它为我们的行为提供了决策依据。但这个观点有个明显的弱点。只确立一个原理的话，往往会导致牵强的归纳（很快能在后文看到例子），有时还会出现理论不适用的情况。

一旦承认这种例外，好不容易制定起来的原理就会变得漏洞百出。话虽如此，“只要出现例外情况就不可饶恕”，是不是显得太吹毛求疵或者说太小肚鸡肠了呢？

■ 就威廉·葛德文而言

边沁主张全社会的幸福最大化，并且他认为在这个过程中不应该对人进行区别对待。所以一个人就是一个人，把一个人算作多于一个人或少于一个人都不行。可见平等十分重要。

葛德文深受这一观点的影响，甚至主张“婚姻也不可取”。因为一旦结婚了，就会建立起特殊关系，把某个人置于第一位，优先于他人。这种做法违背了平等的原则。

确实，功利性原理十分重要，平等这一原则同样十分重要。然而，光凭这一点不能解决所有问题。我们是社会成员，同时也是家庭的一分子，更是公司的一员。虽说缩减基本原理的数量可能有好处，但边沁和葛德文是不是把人类想得太简单了呢？倒不如说，要掌握人类的复杂性，最好预设多个基本原理。

有趣的是，葛德文后来爱上了一个女人，终究还是抛弃了自己的主张，和那个人走进了婚姻殿堂！嘿，你们看。

2. 基本原理应该有很多吗

■　顺便提一下亚里士多德

那么，顺便提一下亚里士多德这位大师的想法，以供我们参考。

■　美德伦理学的优点

亚里士多德是简·雅各布斯这一派的鼻祖，他从人们普遍的道德观出发，由此归纳出了很多种美德：“慷慨”“勇敢”“克制”“正义”等。换言之，在亚里士多德的美德伦理（见附录第Ⅰ章第2节）中，存在许多近似原理的东西。

看重“美德”的观念，不仅限于希腊，在东方也是如此。比如儒家强调仁、义、孝等美德，“仁”是热心肠，“义”是正义，“孝”当然就是孝顺了。

美德伦理的一大优势是，对比单一原理主义，美德伦理更能灵活应对现实。正因如此，许久以来容易让人遗忘在角落的美德伦理，最近又重新被重视了。之所以重新被重视，是因为人们逐渐开始反思：近代这些已然成为权威的单一原理主义，如康德的义务论和边沁的功利主义等，是否已经陷入了僵化的思维方式？

美德伦理学的弱点

美德伦理也存在弱点。要是美德数量过多的话，会变得很难把控。

说到底，我们很难洞察，究竟需要拥有多少美德才能成为一个优秀的人。有些现代美德伦理学家甚至列举出了几十种美德。这也太多了吧！ 而且，很难简洁地说明白为何如此之多的美德个个都至关重要。

并且，由于美德是一种品质，所以无法以量的多少来衡量。而且自近代以来，我们深受科学影响，习惯了以量的多少来衡量事物，所以才逐渐觉得品质方面的概念含糊不清［举个例子，在课堂上，要是说出"'慷慨'果然是很重要的品质呢"，就会冒出这样的问题："那要多慷慨才算恰到好处呢？"（见专栏12）］。

进入近代以后，美德观念逐渐没落，单一原理主义的观念占据权威地位。虽然没落的原因很多，但主要还是由于上述原因。

■ 太多或太少都不行

我曾在日本电视节目《我家宝贝大冒险（第一次上街买东西）》中看过一个片段，只有一丁点大的小女孩被她爸爸拜托去跑腿。“在蛋糕店买完蛋糕后，带去妈妈工作的舞蹈教室，然后……”收到爸爸的嘱托时，这个小女孩哇哇大哭，说出了令我难忘的一句话——

“不行啦，我的脑子已经装不下啦！”

我懂了！也许是因为自己算不上是聪明的人，所以过量的基本原理会让我觉得很伤脑筋。要是先贤对我说：“你必须勇敢哦，而且还必须克己慎行，另外还要慷慨大方，要为人敦厚，要诚实。并且……”我想说：“不行啦，我的脑子已经装不下啦！”

但是，现实可没有那么简单，无法用一两条原理就处理好所有的事情。如果真是那样的话，碰到异常情况就无法应付了，可能还会导致思维僵化。

这样想来，我们可以发现，原理太多或太少都不是好事。要是一两条太少，而八九条又太多的话，我们就瞄准两者之间。

第Ⅴ章
寻求基本原理的基础

■ 少数原理主义对伦理的狭隘之见

那么，原理应该有多少条呢？

这很重要，可不能随随便便就定下原理的数量。这不单纯是数量的问题，说到底与我们对伦理的理解程度有着莫大的关系。

边沁将原理简化为一条，他之所以能这样缩减基本原理的数量，是因为他把伦理禁锢在了一个很小的范围内，把伦理这东西想得太狭隘了。边沁把自己的思考聚焦在可量化的社会性事物上。对边沁来说，无法量化的东西不属于伦理的范畴，家人、恋人等周边关系更不在考虑的范围内。

前文提到的雅各布斯，最终归纳出两大道德种类，可将其称为二原理主义。这远比边沁的思考范围大，而且也不是一开始就"从基本原理出发，一条路走到黑"。但她最终将道德分为两类，其实只考虑了与工作相关的伦理。反过来说，正是因为她故意排除，或是完全不考虑与工作不相关的伦理，因此她归纳出来的基本原理的数量才少得可怜。

但这也不失为一种方法。可是我们的目标是建立一个尽可能涵盖普通人一生的伦理学。从这个角度来看，他们的原理是远远不够的。

我们的目标多少有点贪心了。或者说，相当痴心妄想，大家明白吗？哪怕是伟大的伦理学家，也得通过缩小伦理学范围来寻找伦理学的基本原理，而我们却要尽可能地扩大伦理学的范围，究竟能不能行呢？

■ 明确角度

随着我们对伦理学的理解逐渐加深，要明确基本原理，就得知道我们是怎么看待伦理学的，从什么角度去思考，这是明确基本原理的关键。边沁之所以采取单一原理主义，是因为他聚焦于社会，从数量的角度上思考伦理学。而雅各布斯的二原理主义则是从工作伦理的角度出发。所以，要找到基本原理，我们必须先明确寻找的领域，然后以那个角度为切入点思考。

我们的目标是打造令普通人也能用上的通俗易懂的伦理学。因此，我们该如何思考，该关注哪些方面，才能涵盖我们的日常生活呢？让我们先明确思考的角度吧！

我想读完正文的人会发现，本书采用的方法正是附录中讲解的这两种方法的结合。也就是通过参考人们公认的伦理、道德，归纳这些伦理、道德，同时在确立基本观点的基础上，制定原理的数量。

与此同时，原理的数量不宜过多或过少。最终我们得出的基本原理有三条。

先读附录的读者，请牢记上述讲解，然后进入正文确认三条原理哦。

专栏 12：道德灵活性

亚里士多德思考了许多种美德，确实有点多。但我的意思并不是说“多得离谱”，其实我觉得这些美德都有共同点。不过，这与边沁的单一原理略有差别。之所以这么说，是因为它介于二者之间（中庸）。所谓“中庸”，就是指不走极端，拿捏好分寸。举个例子，勇气是一种美德，要是它膨胀过头的话，就会变成匹夫之勇；如果它小得过头了，又会变成胆怯，而介于两者之间的程度则恰到好处（所以，多少勇气才算恰到好处呢？其中的数量成了一个问题。如果不指定量就无法明确程度，就会陷入没有具备相应美德的情况）。并且，放眼望向我们生活的方方面面，我认为至关重要的一点是，要拿捏好分寸，不偏不倚地展现出“实践智慧”（近来，商业上很流行亚里士多德型经营学，其中“实践智慧”被认为是至关重要的）。

总而言之，在亚里士多德看来，美德中最重要的是“拿捏好分寸，灵活应对”。在这一点上，雅各布斯是同道中人。她认为道德只有两种，确实有点固执己见，但我想说具有在这两种道德间来回切换的灵活性是很重要的。其实，雅各布斯确实强调“道德灵活性”的重要性。

这样想来，我觉得光用一条原理就想强制推行自己的想法，实在有点说不过去。相比之下，我觉得兼容多条基本原理、纵观全局、灵活运用这些原理或许更好些。

话虽如此，身处各种实际情况中，我们每个人都要像这样灵活思考、判断、选择实际行为。再重复一遍，就算伦理学存在正确答案，那也是抽象的原理。希望大家注意，运用伦理学、使用伦理学的是我们自身。毕竟，“我才是自己人生的主角”！